この本の特色としくみ

　本書は，入試で出題される英語長文を3段階のステップ式で学習できる問題集です。各単元は，Step 1（基本問題），Step 2（標準問題）の順になっていて，単元末には Step 3（実力問題）があります。また，巻末には「総仕上げテスト」を設けているため，入試対策に役立ちます。

スラッシュリーディングのすすめ

　次の文を見てみましょう。この文を読むとき，どのように意味を取りますか。

Many people use passwords when they use computers.

　「（彼らが）コンピュータを使うとき，多くの人々がパスワードを使います。」と日本語の語順に直して意味を取ると，時間がかかってしまいます。この時間を大幅に短くする方法があります。スラッシュリーディングという方法です。この方法を練習すれば，必ず英文が速く読めるようになります。方法は簡単です。かたまりごとにスラッシュで切り，英語の語順で意味を前から理解するのです。

多くの人々が使う　　パスワードを　　彼らが使うとき　　コンピュータを
Many people use / passwords / when they use / computers.

　「多くの人々が使う / パスワードを / 彼らが使うとき / コンピュータを」と語順に理解するのです。日本語はおかしくなりますが，意味はわかりますね。たくさんの英文で，スラッシュリーディングを練習しましょう。英語を読むスピードが必ず上がります。

┈┈Step❶ の第2ページでスラッシュリーディングの練習ができます。

もくじ

本書に関する最新情報は，当社ホームページにある本書の「サポート情報」をご覧ください。（開設していない場合もございます。）

1 スラッシュリーディング

Step 1 基本問題

まず，次の長文問題に挑戦してみましょう。

次の英文を読んで，あとの問いに答えなさい。

Today many people use passwords when they use computers. If other people know your passwords, they can get your information, or buy something with your money. So, you should not make your passwords too (①). They need to be difficult for other people to guess. You should mix big letters like A, B or C, small letters like a, b or c, numbers like 1, 2 or 3 and even "!", "$" or "&". But passwords also need to be easy for you to (②). If you forget your passwords, you will have trouble. 〔千 葉〕

🌀 語句　password パスワード　　mix 〜を混ぜる　　letter 文字

　本文中の（ ① ），（ ② ）に入る最も適当な語を，それぞれ次の**ア〜エ**のうちから１つずつ選んで，（ ）の中に記号を書きなさい。　　（①　　）（②　　）

① ア　simple　　　　　イ　long
　　ウ　hard　　　　　　エ　difficult

② ア　share　　　　　　イ　send
　　ウ　remember　　　　エ　break

📖 読みの見える化！

このページでは，左ページの英文を解説しています。
解説を見ながら読んでみましょう。

今日　　　　　　　多くの人が使う　　　　　　パスワードを　　　　　彼らが使うとき
Today / many people use / passwords / ①when they
「今日(こんにち)」　　　　　　　　　　　　　　　　　　　　　「～するとき」

コンピュータを　　　　もし　　　　　他の人が知るなら
use / computers. / ②If / other people know / your
　　　　　　　　　「もし～なら」

あなたのパスワードを　　　彼らは得ることができる　　　　あなたの情報を　　　あるいは買う(ことができる)
passwords, / they ③can get / your information, / or buy /
　　　　　　　　　　　助動詞 can「～できる」

何かを　　　　　　あなたのお金で　　　　だから
something / with your money. / So, / you ③should not
　　　　　　「～で」

あなたはあなたのパスワードをするべきではない　あまりに(①)なものに　　それらは必要である
④make your passwords / too (①). / They need /
　　make ～ ...「～を…にする」

難しいことが　　　　　　他の人にとって　　　　　推測するのに
to be difficult / for other people / to guess. / You
need to do ～「～する必要がある」「～にとって」　　　　to 不定詞(副詞)

あなたは混ぜるべきである　　　大文字を　　　　A や B，C のような　　　小文字を
③should mix / big letters / like A, B or C, / small
助動詞 should「～すべきである」　　　　　「～のような」

a や b，c のような　　　　数字を　　　　1 や 2，3 のような
letters / like a, b or c, / numbers / like 1, 2 or 3 / and

そして，"!" や "$"，"&" ですら　　しかし　　パスワードはまた，必要である
even "!", "$" or "&". / But / passwords also need / to
「～でさえ」

簡単であることが　あなたにとって　　(②)するのに　　もしあなたが忘れるなら
be easy / for you / to (②). / ②If you forget / your
　　　　　　　　　to 不定詞(副詞)

あなたのパスワードを　　　　あなたは困るだろう
passwords, / you ③will have trouble. /
　　　　　　　　　助動詞「～だろう」

🎯 重要点をつかもう

スラッシュリーディング(p.1参照)を使って英文を前から読みましょう。

🔍 単語の意味

単語には複数の意味があります。どの意味が適切かは，内容を把握すると分かります。また，単語の品詞は前後の語や文を見て，判断しましょう。

・接続詞の when の用法
① when は節(主語＋動詞)と節(主語＋動詞)とを結びつける働きをしています。「主語＋動詞～ when 主語＋動詞…」で「…するとき～」という意味になります。

・接続詞の if の用法
② if は節(主語＋動詞)と節(主語＋動詞)とを結びつける働きをしています。「If 主語＋動詞～，主語＋動詞…」で「もし～ならば…」という意味になります。

・[助動詞＋動詞の原形]
③助動詞(can, will, may, should, could, would, might など)の後には，動詞の原形が続くことに注意しましょう。

・make ～ ...(人・もの)＋ ...(名詞・形容詞)
④ make ～ ... は「～(人・もの)を…に(…という状態に)する」という意味。
The news made him happy.「その知らせが彼を喜ばせました(その知らせを聞いて彼は喜びました)。」

💬 もう一度，左ページの英文を読んでみましょう。

次の英文は，ボランティアに参加したあとにベッキーが英語の授業で行ったスピーチの一部です。これを読んで，あとの問いに答えなさい。

I did two volunteer jobs with my friends this summer. The first one was reading books for children. I practiced hard every day before the job. I made some mistakes on that day, but I ①(as, as, could, I, tried, hard). I was glad the children enjoyed it with big smiles.

The second job was singing songs in a hospital. In a big room in the hospital, we began to sing. I thought our voices were not as beautiful as the voices of the chorus club of my school. However, people ②(listen) to our songs looked very happy and some of them were crying. An old woman said, "I cried because you tried very hard to sing for us." That really moved my heart.

From these experiences, I learned a very important thing. When you want to do something for other people, you don't have to be perfect because they will be impressed with your passion if you try very hard. These experiences will stay in my mind forever.

〔福井－改〕

・(1) ベッキーが参加した2種類のボランティア活動は何ですか。(　　　)の中に答えを日本語で書きなさい。

(　　　　　　　　　　　　　　　　　　　　　　　　　　　　　　　　　　　　)

・(2) ①の(　　　)内の語を意味が通るように並べかえなさい。

but I ＿＿＿＿＿＿＿＿＿＿＿＿＿＿＿＿＿＿＿＿＿＿＿＿＿＿＿＿＿＿＿＿ .

・(3) ②の(　　　)内の語を適する形に書きかえなさい。　＿＿＿＿＿＿＿＿＿

(4) ベッキーが2つのボランティア体験から学んだ大切なことは何ですか。(　　　)の中に答えを日本語で書きなさい。

(　＿＿＿＿＿＿＿＿＿＿＿＿＿＿＿＿＿＿＿＿＿＿＿＿＿＿＿＿＿＿＿＿＿

＿＿＿＿＿＿＿＿＿＿＿＿＿＿＿＿＿＿＿＿＿＿＿＿＿＿＿＿＿＿＿＿＿＿

＿＿＿＿＿＿＿＿＿＿＿＿＿＿＿＿＿＿＿＿＿＿＿＿＿＿＿＿＿＿＿＿　)

・印のついた問題は，実際の入試問題には出題されていません。
　この問題集で新たに作成した問題です。

文　法

動詞＋ing

▶ 動名詞「～すること」

　～ is reading a book

　「～は本を読むことです」

　～ was singing songs

　「歌を歌うことでした」

▶ 現在分詞「～している」名詞を後ろから修

　飾して「～している…」

　people listening to our songs

　「私たちの歌を聞いている人々」

絶対重要表現

☐ make a mistake「間違いをする」

☐ on that day「その日に」

☐ as ～ as *one* can「できるだけ～」

☐ with a smile「にっこり笑って」

☐ look ～「～に見える」

☐ move「(心を)動かす」

☐ have to *do* ～「～しなければならない」

☐ be impressed「感動する」

次の英文を読んで，あとの問いに答えなさい。

Junko and her little sister Yumi went shopping to buy a birthday present for their father. 　A

They were looking for a T-shirt at a shop. 　B 　 They found a white T-shirt and thought it was cool. Then Yumi found a nice blue T-shirt. ①They thought the blue T-shirt was (good) than the white one. But the blue T-shirt looked too small for their father. ②So they asked the man (　　　) worked there, "Do you have a large one in the same color?" He said, "Yes," and showed them a large one. Junko wanted to buy it. 　C 　 Junko asked, "Why?" Yumi said, "I want both our father and mother to wear T-shirts in the same color." Junko thought it was a good idea, so she said to Yumi, "Let's buy those T-shirts for both of them." 　D

After Junko and Yumi came home, they gave the T-shirts to their father and mother. Junko and Yumi were very happy because they liked the presents.

〔埼　玉〕

(1) 本文中の A 〜 D のいずれかに，But Yumi wanted to buy one more T-shirt. という一文を補います。どこに補うのが最も適切ですか。 A 〜 D の中から1つ選んで，（　　）の中に記号を書きなさい。　　　　　　　　　　　　　　　　　　　　　　　　（　　　　）

(2) 下線部①について，（good）を適切な形にして，＿＿＿に書きなさい。　　＿＿＿＿＿＿＿＿＿＿

(3) 下線部②について，（　　　）にあてはまる最も適切な1語を，次のア〜エの中から1つ選んで，（　　　）の中に記号を書きなさい。　　　　　　　　　　　　　　　　　　　　（　　　　）

　ア　what　　イ　who　　ウ　how　　エ　which

(4) 本文の内容に関する次の質問の答えとなるように，＿＿＿に適切な英語を書きなさい。

　Question: How many T-shirts did Junko and Yumi buy?

　Answer: They ＿＿＿＿＿＿＿＿＿＿＿＿＿＿＿＿＿＿＿＿＿＿＿＿＿＿＿＿＿＿＿＿＿＿＿＿＿＿.

【　　月　　日】

時間 25分

Step 3 実力問題

次の英文を読んで，あとの問いに答えなさい。

Agriculture is very important. We have （　A　） many kinds of things, such as rice, fruits and vegetables, for a long time. Through agriculture, a lot of foods are produced, so we are able to have food every day. Agriculture is necessary for our lives in many ways.

In Japan, today, more and more people are thinking about agriculture. One of the reasons is the safety of food. Some people ask, "Does this carrot come from our local area?" or "Is this cabbage 5 produced with agricultural chemicals?"

Some people like to buy fruits and vegetables produced near their homes. It is called *chisanchisho* in Japanese. This means "to consume the farm products in the area that has produced them."

In the United States, they have the movement called Community Supported Agriculture （CSA）. People give some money to the farmers （　B　） in their local area, and get fruits or vegetables from 10 them. In other words, consumers support the farmers in their own community.

Chisanchisho and CSA have some good points for people. First, consumers know which farm the fruits and vegetables come from. Second, the fruits and vegetables are fresh and taste delicious because they are carried for a short time from farms to stores. In addition, consumers can choose the farmers who don't use agricultural chemicals. ①So （ a chance for / give consumers / can / 15 getting better / of movements / these kinds ） products.

Farmers are also careful about the safety of food. Agricultural chemicals are used to protect fruits and vegetables from insect pests, but using agricultural chemicals too much is sometimes bad for people. So, some farmers are trying to produce fruits and vegetables （　②　） agricultural chemicals. Instead of agricultural chemicals, they use some kinds of insects. 20

Plant lice are insect pests for vegetables. If farmers do not do anything, many vegetables will be eaten by them. So some farmers use ladybugs. Ladybugs like to eat plant lice. So the farmers hope that ladybugs will eat many plant lice. As a result, they don't use any agricultural chemicals.

Through agriculture, we can get many foods from nature. So agriculture is necessary for our lives. When we think of our future, we should be more careful about our foods to improve our lives. 〔愛 知〕 25

🍎語句　agriculture 農業　　vegetable 野菜　　local 地元の　　agricultural chemicals 農薬
chisanchisho 地産地消　　consume 消費する　　community 地域社会　　consumer 消費者
fresh 新鮮な　　protect 〜 〜を守る　　insect pest 害虫　　insect 昆虫
plant lice plant louse （アブラムシ）の複数形　　ladybug テントウムシ

(1) （　A　），（　B　）にあてはまる最も適当な語を，次の5語の中からそれぞれ選んで，正しい
　　形に変えて書きなさい。

live　　teach　　grow　　go　　leave　　　　　　　A_____　　B_____

(2) 下線①のついた文が，本文の内容に合うように，（　）内の語句を正しい順序に並べかえなさい。

So _____

_____ products.

(3) （　②　）にあてはまる最も適当な語を書きなさい。　　　　　　　　　　_____

(4) 本文の内容に関する次の会話が成り立つように，（　ア　），（　イ　）のそれぞれにあてはまる
　　最も適当な語を____に書きなさい。

A: Why do some farmers use ladybugs?

B: Because ladybugs（　ア　）plant lice. As a result, the farmers don't（　イ　）to use agricultural
　　chemicals.

ア_____　　イ_____

(5) 次のア〜エの文の中から，その内容が本文に書かれていることと一致するものを1つ選んで，
　　（　）の中に記号を書きなさい。　　　　　　　　　　　　　　　　　　　　（　　　）

ア　Today more and more people are interested in the way to produce fruits and vegetables.

イ　*Chisanchisho* and CSA are good for consumers, but they are bad for nature and farmers.

ウ　Fruits and vegetables taste good after they are carried for a long time from farms to stores.

エ　To be careful about our foods, we should use more and more agricultural chemicals.

2. 主語・動詞をつかむ

Step 1 基本問題

まず，次の長文問題に挑戦してみましょう。

次の英文を読んで，あとの問いに答えなさい。

When Sayuri was a little girl, she had an American friend. Her name was Emily. She lived near Sayuri's house. They were very good friends and often played together. When they played, sometimes it was difficult for them to communicate because Sayuri couldn't speak English well, and Emily couldn't speak Japanese well. But they always tried to understand each other. They used easy English words and easy Japanese words with some gestures and pictures. When they finally understood each other, they felt really happy.

〔山口－改〕

🔖 語句 communicate コミュニケーションをとる　　gesture 身ぶり，手ぶり

　次の質問に対する答えとして，本文の内容に合う最も適切なものを，1～4から1つ選び，記号で答えなさい。　　　　　　　　　　　　　　　　　　　　　　（　　　）

How did Sayuri and Emily understand each other when they played?

1．They used English and Japanese words, gestures and pictures.
2．They used Japanese because Emily could speak Japanese well.
3．They used dictionaries and computers that Emily's father had.
4．They used English because Sayuri could speak English well.

読みの見える化！ このページでは，左ページの英文を解説しています。
解説を見ながら読んでみましょう。

さゆりが幼い女の子だったとき　　　　　　　　彼女にはアメリカ人の友だちがいた

When Sayuri ①*was* a little girl, / she ①**had** an American

「〜するとき」

彼女の名前はエミリーだった　　　　彼女は住んでいた　　　さゆりの家の近くに

friend. / Her name was Emily. / She lived / near Sayuri's

二人はとても仲の良い友だちだった　　　　　　そして，よくいっしょに遊んだ

house. / They were very good friends / and often played

二人が遊んでいたとき　　　　　　　　　ときに難しかった

together. / When they ②*played*, / sometimes it ②**was**

「いっしょに」

二人にとって　　　コミュニケーションをとることは　　さゆりは英語を話せなかったので

difficult / for them / ④to communicate / because Sayuri

「〜にとって」　　　　to 不定詞(名詞)　　　　「〜ので」

上手に　　　　そしてエミリーは日本語を話せなかったので

couldn't speak English / well, / and Emily *couldn't speak*

上手に　　しかし　　二人はいつも努力した　　　　理解するように

Japanese / well. / But / they always tried / ④to understand /

to 不定詞(名詞)

お互いを　　　　　　二人は使った　　　　やさしい英語の単語を

each other. / They used / easy English words / and easy

「お互いを」

そしてやさしい日本語の単語を　　　　　身ぶりや絵を用いて

Japanese words / with some gestures and pictures. /

「〜を用いて」

二人がついに理解したとき　　　　　　　お互いを

When they finally ③*understood* / each other, / they ③**felt**

二人は本当にうれしく感じた

really happy. /

feel ＋形容詞「〜だと感じる」

重要点をつかもう

主節の動詞は太字に，従属節の動詞(接続詞 when や if の中の動詞)は斜体にしてあります。「主節の動詞の時制(過去，現在，未来)は何なのか」を意識しましょう。次の点に注意して文を見てみましょう。

確認 🔍 時制に注意

when「〜するとき」によって結び付けられるとき，主節と従属節との時制が同じになることを覚えておきましょう。

主節	従属節
① had(過去) ―	① was(過去)
② was(過去) ―	② played(過去)
③ felt(過去) ―	③ understood(過去)

・不定詞(to ＋動詞の原形)の用法
▶④名詞の働きをして，文の主語や目的語になっています。
「〜すること」と訳します。

主語になる
・It was difficult for them to communicate.
「彼らにとって，コミュニケーションをとることは難しかったです。」

目的語になる
・They tried to understand.
「彼らは理解しようと努力しました。←理解することを努力しました。」

もう一度，左ページの英文を読んでみましょう。

次の英文は，グアム島にあるホテルの支配人から学校に届いた手紙です。これを読んで，あとの(1)～(4)の質問に対する答えを，＿＿にそれぞれ適切な英語を1語入れて完成させなさい。

September 5, 2013

Dear students,

　Thank you very much for staying at our hotel in June. You were in Guam only for three days, but I hope you had a good time during the school trip.

　On the last day, you cleaned the beach near our hotel. At first, I thought you did not want to do it. But when I saw you on the beach, you were enjoying the work. That surprised me.

　"Who made the plan to clean?" I asked one of your teachers. "The students did," he answered. Later some of you told me about Japanese schools. You clean your school every day. You sometimes clean your town, too.

　Thank you very much for cleaning the beach. I was very impressed. We now clean the beach every month and wear our special hats for the work. If you come next year, I will give you the special hats. I hope to see you again.

　Best wishes,

Steve Brown

Manager

〔兵　庫〕

🔖語句　Guam グアム島　　beach ビーチ　　plan 計画　　impressed 感動して
　　　Best wishes, ご多幸を祈ります(手紙の結びの言葉)　　manager 支配人

12

(1) How long did the students stay in Guam?

   They ＿＿＿＿＿＿＿ in Guam for ＿＿＿＿＿＿＿ ＿＿＿＿＿＿ .

(2) Why was the manager surprised when he saw the students on the beach?

   Because they ＿＿＿＿＿＿＿ ＿＿＿＿＿＿＿ cleaning the ＿＿＿＿＿＿ .

(3) What did the manager hear from the teacher?

   He heard that the ＿＿＿＿＿ ＿＿＿＿＿ the ＿＿＿＿＿ to ＿＿＿＿＿ .

(4) What will the manager do if the students go to Guam next year?

   He will ＿＿＿＿＿ the ＿＿＿＿＿ ＿＿＿＿＿ ＿＿＿＿＿ the students.

文　法

I hope (that) 主語＋動詞 「～であることを望む」

▶ I hope you had a good time. 「皆さま方が楽しいときを過ごされたことを望みます。（楽しく過ごされたのであればいいのですが。）」

I think (that) 主語＋動詞「～であると思う」

▶ I think you want to clean the beach. 「皆さま方が海岸をそうじをしたがっていると思います。」
that はよく省略されます。

絶対重要表現

□ have a good time 「楽しいときを過ごす」
□ during ＋期間 「（ある特定の期間)の間に」
□ at first 「最初は」
□ one of ＋複数名詞 「～のうちのひとり[ひとつ]」
□ be impressed 「感動する，感銘を受ける」
□ hope to *do* 「～することを望む」
□ Best wishes, 「ご多幸を祈ります」（手紙の結びの言葉）

次の対話文を読んで，あとの問いに答えなさい。

Kayoko, Norika, Yoshio, and Paul are high school students. Mr. Kudo is their science teacher. Their class is camping in the mountains, and they are talking after dinner.

Mr. Kudo : I hear that there are more than 200 billion stars in the Milky Way.

Paul : That's interesting! I think I want to study about the stars, Mr. Kudo. 　　5

Mr. Kudo : Good, Paul. Visit me in the teachers' room at any time next week.

Paul : Thank you, Mr. Kudo. I will.

Kayoko : (1)Me, too, Mr. Kudo.

Mr. Kudo : Sure, Kayoko. Everyone is welcome.

Yoshio : It's fun to talk outside at night. We usually don't take time to look up at 　10
the sky like this.

Norika : You're right. I didn't think that looking at the stars would be so much
fun.

Kayoko : No TVs, no cell phones, no convenience stores.

Paul : We sometimes need slow living. It gives us a chance to try something 　15
new.

Yoshio : (2)I think you're right.

Everyone : We're very happy to be here. 　　　　　　　　　　　　　　　　〔東京都-改〕

🍃語句　camp キャンプをする　　billion 10 億　　the Milky Way 天の川

(1) Me, too, Mr. Kudo. の内容を，次のように書き表すとすれば， ____ に，どのような1語を入れるのがよいですか。

Kayoko would like to _____ Mr. Kudo in the teachers' room, too.

(2) I think you're right. の内容を，次のように書き表すとすれば， ☐ の中に，あとのどれを入れるのがよいですか。（　）の中に記号を書きなさい。（　　）

I think that ☐ .

ア　we'll be able to get a chance to welcome Mr. Kudo
イ　we'll be able to get a chance to look at the stars
ウ　cell phones give us a chance to try slow living
エ　slow living gives us a chance to try something new

Step 3 実力問題

時間 25分

次の英文は，英語の授業で，一郎が，自分の趣味であるジョギング (jogging) について書いたものです。これを読んで，あとの問いに答えなさい。

One day during my summer vacation, I visited my seventy-year-old grandfather, and stayed at his house for three days. He is very active and healthy, so he looks young for his age.

I asked him, "Grandpa, [①]?"

He said to me, "I jog every day for my health. Since I started jogging ten years ago, I haven't been sick."

"Grandpa, is it hard to run every day?" I asked him.

"At first, I thought it was difficult. But now it's fun for me because I do it with some friends every morning. Jogging is part of my life," he answered.

The next morning, when I was sleeping, I heard a big voice from the garden. "Ichiro, get up!" When I opened the window, my grandfather and his friends were there.

My grandfather said, "Ichiro, [②] together?"

I wanted to sleep more, but when I [   ] their smiles, I thought jogging with them wasn't a bad idea.

I said, "Well..., yes."

"Good, Ichiro!" they shouted.

When I started jogging, I felt comfortable because there was a cool wind and the sun was shining, and I heard the voices of birds singing in the trees. But ten minutes later, I became a little tired and wanted to stop running.

Then my grandfather looked at me and said, "Ichiro, if you slow down, you can still enjoy jogging." I felt relieved. I slowed down and my grandfather and his friends also jogged slower.

Thirty minutes later, we came back to my grandfather's house. My grandfather said to me, "Ichiro, good job!" I felt happy because it was my first time to run for thirty minutes.

Since that day, I've enjoyed jogging every day, and it has become one of my favorite things.

Through this experience, I've learned the joy of trying new things.

〔北海道〕

語句 active 活発な　healthy 健康な　for his age 年の割に　grandpa おじいちゃん
jog ジョギングする　smile 笑顔　comfortable 心地よい　shine 輝く
slow down ペースを落とす　relieved 安心した　slower さらにゆっくりと

(1) 本文の内容から考えて，　①　に入る英語として最も適当なものを，**ア～エ**から選び，（　　）
の中に記号を書きなさい。
(　　)

　　ア　how many friends do you have

　　イ　when did you visit my home

　　ウ　where are you going to jog

　　エ　what do you do to be healthy

(2) 下線部が，祖父が一郎をジョギングに誘う英文となるように，　②　に入る英語を 3 語以上で
書きなさい。

Ichiro, _____ together?

(3) 本文の内容から考えて　□　に入る英語として最も適当なものを次の中から選び，正しい形に
直して　　に書きなさい。

| hear | send | tell | see |

_____

(4) 本文の内容に合うものを，次の**ア～オ**から 2 つ選び，（　　）の中に記号を書きなさい。
(　　)(　　)

　　ア　Ichiro got sick on the first day of his stay at his grandfather's house in summer.

　　イ　Ichiro's grandfather has a good time when he jogs with some of his friends.

　　ウ　Ichiro's grandfather jogged with Ichiro because Ichiro asked his grandfather to do it.

　　エ　Ichiro's grandfather thought Ichiro could still run, but Ichiro stopped running during his first
jogging.

　　オ　Ichiro had his first experience of running for thirty minutes during his summer vacation.

(5) 次の英文は，ALT のジョーンズ先生(Mr. Jones)が，一郎の書いた英文に対して，書いたコメ
ントの一部です。本文の内容から考えて，　□　に入る適当な英語を 2 語以上で書きなさい。

　　Ichiro, good job! Your English is very nice.

　　I agree with your idea. I also become happy when I □ new. I started *taiko*, the
Japanese drum two years ago. I felt happy when I played it well at a music festival.

_____

17

3. 時間の流れを押さえる

Step 1 基本問題

まず，次の長文問題に挑戦してみましょう。

次の英文を読んで，あとの問いに答えなさい。

Gasses and clouds stop a lot of solar energy before it reaches the earth, but this is not a problem for solar panels in space. If they move around the planet, they can stay with the sun and work 24 hours a day. A company in California plans to put the first panels into space in 2016. They will produce enough electricity for 250,000 homes.

When we send spacecraft to other planets, we often have to find unusual ways to power them. Some have engines which produce special atoms called ions to push them forward. Others use nuclear fuel. In 2010, a Japanese spacecraft called IKAROS began 'sailing' towards Venus.

〔東京工業大学附属科学技術－改〕

🌙語句 solar energy 太陽エネルギー　　panel パネル　　spacecraft 宇宙船　　power 電力を供給する
engine エンジン　　atom 原子　　ion イオン　　push 押し進める　　nuclear fuel 核燃料
sail 帆走する　　Venus 金星

　本文の内容に合うように，次の文の下線部内に入る最も適切なものを次のア～エのうちから
1つ選んで，（　　）の中に記号を書きなさい。　　　　　　　　　　　　　　（　　　）

IKAROS ＿＿＿＿＿＿＿＿＿＿＿＿＿＿＿＿＿＿＿＿＿＿＿＿＿＿＿＿＿＿＿＿＿＿＿＿＿.

ア　is a good example of spacecraft using nuclear fuel

イ　can sail in the sea on the earth

ウ　uses engines which produce special atoms called ions

エ　sailed towards Venus

読みの見える化！ このページでは，左ページの英文を解説しています。
解説を見ながら読んでみましょう。

ガスと雲が　　　　　　　さえぎる　　　　　大量の太陽エネルギーを
Gasses and clouds / stop / a lot of solar energy /
　　　　　　　　　　　　　　　　　　　　　　「たくさんの」

前に　　　それ(太陽エネルギー)が地球に到達する　しかし　　これは問題ではない
①before / *it reaches the earth*, / but / this is not a problem /
「～する前に」

　　ソーラーパネルにとって　　　宇宙では　　もし　それらが動くなら　その惑星(地球)の周りを
for solar panels / in space. / If / *they move* / *around the*
「～にとって」

　　　　それらはとどまることができる　太陽とともに　そして活動する(ことができる)　1日に24時間
planet, / they can stay / with the sun / and work / 24 hours

　　　　ある会社は　　カリフォルニアにある　計画を立てる　　最初のパネルを置く
②a day. / A company / in California / plans / to put the first
「～につき」

　　　宇宙に　　　　2016年に　　　　それらは生産するだろう
panels / into space / ③in 2016. / They will produce /

　　十分な電力を　　　　　　25万世帯に
enough electricity / for 250,000 homes. /

　　　我々が宇宙船を送るとき　　　　　他の惑星に　　　我々はしばしば,
①When *we send spacecraft* / *to other planets*, / we often

しなければならない　特異な方法を発見することを　　それらに電力を供給するために
have to / find unusual ways / to power them. / Some
「～しなければならない」　　　　　to 不定詞(副詞)

あるものはエンジンを備えている　　それは特別な原子を生産する　　　イオンと呼ばれる
have engines / which produce special atoms / ④called
some ～. others ....「あるものは～。あるものは…。」　　　　「～と呼ばれる…」

　　それらを前に押し進めるための　　　あるものは核燃料を使う
ions / to push them forward. / Others use nuclear fuel. /
「(前に)押し進める」

2010年には　　　　日本の宇宙船が　　　イカロスと呼ばれる
③In 2010, / a Japanese spacecraft / ④called IKAROS /
　　　　　　　　　　　　　　　　「～と呼ばれる」

帆走し始めた　　　　金星に向かって
began 'sailing' / towards Venus. /

もう一度，左ページの英文を読んでみましょう。

 重要点をつかもう

時間を表す言葉に注意して，「何がいつ起こったのか」をつかみましょう。

確認 接続詞の位置に注意

接続詞が導く節を斜体にしてあります。「接続詞がどこまでを導くのか」を意識して，意味を考えましょう。

① before は「～する前に」，when は「～するとき」という意味を表します。
They stop it before it reaches the earth.
「地球に到達する前に，それらがそれを止めます。」
before や **when** が文頭にくるときは，主節の前にコンマをうちます。
Before it reaches the earth, they stop it.

・a の意味
② a の意味に注意しましょう。「a ＋ 数量・期間」で「～につき」という意味になります。
24 hours a day
「1日につき24時間」

・in ＋年代
③ in は年代を表すときに使われます。
in ＋～(年)「～年に」
in 2016「2016年に」

・過去分詞の用法
④過去分詞が，後ろから前の名詞を修飾する場合があります。
atoms called ions
「イオンと呼ばれる原子」
a spacecraft called IKAROS
「イカロスと呼ばれる宇宙船」

第1章
第2章
総仕上げテスト

19

Step ② 標準問題①

英語の授業で生徒ひとりひとりが沖縄のことについて発表することになりました。クラスメートのエミさんは「沖縄の外国人観光客をもてなすこと」について発表しています。その発表を読んで，あとの問いに答えなさい。

Have you ever seen foreign tourists in Okinawa? Today, more and more people from other countries visit Okinawa. 230,300 foreign people visited Okinawa in 2009. In 2012, we had 376, 700 foreign tourists. （　　ア　　）

Why do so many people want to come to this small island? They can enjoy the beautiful blue sky and emerald-green seas here in Okinawa. （　　イ　　）5 Shopping at many places is a lot of fun. But I think the best reason is the hospitality of Okinawan people.

Let's think about Okinawan hospitality. （　　ウ　　） Many people say Okinawan people are kind and friendly. We love talking with foreign tourists. So, learning foreign languages is very important. But do you think that is 10 enough? （　　エ　　） And they will introduce their cultures to us, too. Then we can understand each other. I believe understanding each other is the best way to welcome people from the world, and that is true hospitality. Thank you.

〔沖　縄〕

🌙語句　tourist 観光客　　emerald-green エメラルドグリーン色の　　hospitality おもてなしの心

(1) 次の英文を入れるのに最も適切な箇所を文中の**ア〜エ**のうちから１つ選んで，（　　）の中に記号を書きなさい。　　　　　　　　　　　　　　　　　　　　　　　　　　　（　　　）

　　I think it is more important to understand our own culture and introduce it to them.

(2) 次の英文は本文をまとめたものです。（　①　）〜（　⑤　）に入れるのに最も適切な語を<u>本文中</u>から抜き出して，その単語をそれぞれ＿＿に書きなさい。<u>ただし，答えとなる単語は１度しか</u><u>使えません。また＿＿には１語のみ書きなさい。</u>

①＿＿＿＿＿＿＿　②＿＿＿＿＿＿＿　③＿＿＿＿＿＿＿　④＿＿＿＿＿＿＿

⑤＿＿＿＿＿＿＿

　　Today a lot of foreign tourists (　①　) Okinawa because Okinawan people are kind and (　②　) to them.　To (　③　) them, we have to (　④　) each other.　That is (　⑤　) hospitality.

文　法

現在完了形：have ＋ 過去分詞

▶ 今までの経験を表す「〜したことがある」
Have you ever seen foreign tourists?「外国人観光客を見たことがありますか。」

▶ 状態や動作の継続を表す。「ずっと〜である（している）」
I have lived in this house for 10 years.「私は 10 年間，この家に住んでいます。」

▶ 動作の完了・結果を表す。「〜してしまった，〜したところです」
I have just read the book.「たった今，その本を読んだところです。」

絶対重要表現

□ more and more 〜「ますます多くの〜」
□ best「いちばん良い」good の最上級
□ let's 〜「〜しましょう」
□ talk with 〜「〜と話をする」
□ foreign language「外国語」
□ each other「お互い（を）」

次の英文を読んで，あとの問いに答えなさい。

Wilma Rudolph was a star in track and field in the 1960 Olympics. She won three gold medals. People （　①　） her "the fastest woman in the world."

However, when she was a young child, Wilma Rudolph could not play sports. She was weak and often sick, and then, she got polio. She （　②　） the use of her left leg, and the doctors said she would never walk again.　　　　　　　5

Wilma's family was very large and was very poor, but they did as （　③　） as they could to help her. <u>Wilma and her mother（ 100 km,　traveled,　more, often,　than ）to go to the doctor for her leg</u>. Her brothers and sisters gave her leg a massage every day. They also helped her when she did special exercises for her leg. By the time Wilma was nine years old, she （　④　） walk again.　10 Soon, she started playing basketball and running. In high school, she was a track star, and then she went to the Olympics.

She continued running, and later, when she was twenty-two years old, she became a teacher and track coach. Her story gave many people the courage （　⑤　） hard even in difficult situations.　　　　　　　〔国立高専－改〕　15

🍡語句　track and field 陸上競技　　gold medal 金メダル　　polio ポリオ（病気の名前）　　massage マッサージ
exercise 運動　　by the time 〜 〜のころまでには　　courage 勇気　　situation 状況

(1) 本文中の（　①　）～（　⑤　）に入る適切なものを，それぞれ下の**ア～エ**の中から1つずつ選んで，（　）の中に記号を書きなさい。

(①　　) (②　　) (③　　) (④　　) (⑤　　)

(①) **ア** called　**イ** said　**ウ** spoke　**エ** told
(②) **ア** got　**イ** had　**ウ** lost　**エ** made
(③) **ア** fast　**イ** many　**ウ** much　**エ** soon
(④) **ア** can　**イ** cannot　**ウ** did not　**エ** was able to
(⑤) **ア** to work　**イ** work　**ウ** worked　**エ** working

・(2) 下線部が正しい英文になるように，（　）内の語を並べかえなさい。

Wilma and her mother _____

to go to the doctor for her leg.

・(3) 本文の内容と合っているものを，次の**ア～エ**から1つ選んで，（　）の中に記号を書きなさい。

（　　）

ア Wilma Rudolph didn't win any medals.
イ Wilma was good at sports when she was young.
ウ Wilma didn't have any brothers or sisters.
エ Wilma started to work as a teacher when she was 22.

Step 3 実力問題

時間 25分

次の英文を読んで，あとの問いに答えなさい。

When we think about the history of the *Shinkansen*, we should not forget an important railway engineer. His name is Shima Hideo. He built the Japanese superexpress. He is called the father of the *Shinkansen*.

Shima Hideo was born in Osaka in 1901 and soon moved to Tokyo because of his father's job. His father was a great railway engineer. Hideo respected his father and wanted to be like him. He studied very hard and entered university to study mechanical engineering in 1921. After finishing university, he started to work ①(ア over　イ of　ウ as　エ among) a railway engineer at the Ministry of Railways.

Hideo worked for the development of steam trains. He built a lot of fine steam trains. Some of them are remembered even now. Then he moved to the development of electric trains. When he started ②it, electric trains in Japan were very uncomfortable for people who rode them. He tried hard to build better electric trains. Things were going well, but a big train fire accident happened in 1951. More than one hundred people died in that accident. It was one of the most terrible accidents in the history of train accidents in Japan at that time. Because of the accident, he left the Japanese National Railways and started to work at another company.

In 1955, ③one person changed Hideo's life. His name was Sogo Shinji the director general of the Japanese National Railways. Hideo was asked to come back to build a fast, long-distance train the *Shinkansen* by Mr. Sogo. Building it was his big dream. At that time, the railway industry was declining because of the development of cars and planes. Many people thought Mr. Sogo's project was very strange. Actually, there were many problems with his project, but he didn't want to give up. Mr. Sogo thought Hideo's skills were necessary for his project. Mr. Sogo wanted Hideo to be a team leader of his project and so he invited Hideo back to the Japanese National Railways.

④Building the *Shinkansen* was not easy for Hideo. The project was not given enough money. Also, no one in his team had enough experience to build a fast, long-distance electric train, but he never gave up. He wanted to build the perfect train. For him, ⑤the perfect train (which, any accidents, not, would, meant, cause, a train). He studied and studied, and built a dream superexpress. On October first, 1964, the first *Shinkansen* started to run. About ten days later, the Tokyo Olympic Games were held in Japan.

Shima Hideo later said, "⑥Saying, '(　A　)' is easier than saying, '(　B　).' To say, '(　B　),' you have to prove that it is too difficult to do that in every way. To say, '(　A　),' you only have to prove one right way among many ways."

The *Shinkansen* is now "flying" through Japan because of the great work of Shima Hideo. 〔奈良－改〕

語句 the *Shinkansen* 新幹線　　railway 鉄道　　Shima Hideo 島秀雄　　superexpress 超特急
mechanical engineering 機械工学　　the Ministry of Railways 鉄道省　　development 開発
steam train 蒸気機関車　　electric train 電車　　uncomfortable 心地よくない　　accident 事故
the Japanese National Railways 日本国有鉄道（1949 年に旧鉄道省などの事業を引き継いで設立）
Sogo Shinji 十河信二　　director general 総裁　　long-distance 長距離の　　industry 産業
decline 衰退する　　the Tokyo Olympic Games 東京オリンピック　　prove 証明する

(1) ①の（　　）内の**ア～エ**から，最も適切な語を１つ選んで，（　　）の中に記号を書きなさい。

（　　）

(2) 下線部②の内容を具体的に表す英語を，本文中から５語で抜き出して書きなさい。

----

(3) 下線部③とありますが，このとき島秀雄に訪れた人生の転機とはどのようなものですか。その
　具体的な内容として適切なものを，次の**ア～エ**から１つ選んで，（　　）の中に記号を書きなさい。

（　　）

ア　Mr. Sogo moved to another company and asked Hideo to be a team leader of his project.
イ　Mr. Sogo invited Hideo back to the Japanese National Railways and asked him to join his project.
ウ　Mr. Sogo started his own company and told Hideo to develop a fast, long-distance train.
エ　Mr. Sogo returned to the Japanese National Railways and helped Hideo with steam trains.

(4) 下線部④について，その理由を次のように表すとき，（**あ**），（**い**）に入る英語を，本文中からそ
　れぞれ２語で抜き出して， _____ に書きなさい。

あ _____　**い** _____

　His team didn't have（　**あ**　）for the project, and in his team there weren't any people who had
（　**い**　）to build a fast, long-distance electric train.

(5) 下線部⑤が正しい英語になるように，（　　）内の語句を並べかえて書きなさい。

the perfect train _____

(6) 下線部⑥の（　A　），（　B　）には，それぞれ次の**ア**，**イ**のいずれかが入ります。それぞれに
　入るものを選んで，（　　）の中に記号を書きなさい。　　　（A　　）（B　　）

ア　I can do it　　**イ**　I can't do it

(7) 本文の内容と合っているものを，次の**ア～カ**から２つ選んで，（　　）の中に記号を書きなさい。

（　　）（　　）

ア　Shima Hideo is called the father of a famous train, *Sinkansen*.
イ　Hideo was born in Osaka and moved to Tokyo to study mechanical engineering at university.
ウ　Now, no one knows about any of the steam trains that Hideo built at the Ministry of Railways.
エ　Hideo's electric trains caused a lot of train fire accidents, so he left the Japanese National
　Railways.
オ　When Mr. Sogo started to build a fast electric train, many people thought it was a good idea.
カ　In the year of the Tokyo Olympic Games, 1964, the *Shinkansen* started to run in Japan for the
　first time.

4 代名詞に注意する

Step 1 基本問題

まず，次の長文問題に挑戦してみましょう。

次の英文を読んで，あとの問いに答えなさい。

　　When Ken was in America, he visited Olivia's house at the end of
October. Olivia and her friends had a Halloween party. At the party,
everyone had to wear a Halloween costume. Ken made a costume of a
Japanese anime character. When he arrived at the party in that costume,
everyone at the party came to him. They all liked Ken's costume because
it was very good. Olivia said it was the best costume that day. Ken was
glad to hear that.

〔千 葉〕

🔊 語句　costume 仮装，衣装　　character 登場人物

(1) 本文の内容に関する次の質問に，英語で答えなさい。
Why was Ken glad?

----

(2) 本文の内容と合っているものを，次の**ア〜エ**のうちから１つ選んで，（　　）の中に記号を書き
なさい。

（　　）

ア　オリビアは，11 月に，友人たちを自宅でのパーティーに招いた。

イ　パーティーの参加者は，だれもが仮装をすることになっていた。

ウ　オリビアは，ケンのために，アニメの登場人物の衣装を作った。

エ　友人たちは，ケンに，アニメの衣装に着替えてくるよう言った。

ケンがアメリカにいたとき　　　　　　　　　彼はオリビアの家を訪ねた

When ①**Ken** was in America, / ①*he* visited Olivia's

10月の終わりに　　　　　　　　　オリビアと彼女の友だちは

house / at the end ⑨of October. / ②**Olivia** and ②*her*
「～の終わりに」

ハロウィーンパーティーをした　　　　　　　　そのパーティーでは

friends / had a Halloween party. / At the party, /

みんな着なければならなかった　　　　　　ハロウィーンの衣装を

everyone had to wear / a Halloween costume. / ③**Ken**
「～しなければならなかった」

ケンは衣装を作った　　　　　　　　日本のアニメキャラクターの

made ④**a costume** / ⑨**of a Japanese anime character**. /
... of ～「～の…」

彼がパーティーに着いたとき　　　　　　　その衣装を着て

When ③*he* arrived at the party / in ④*that costume*, /
「～に到着した」　　　　　「～を着て」

パーティーにいるみんなが　　　　　　彼のところへ来た

⑤**everyone at the party** / came to ③*him*. / ⑤*They* all

彼らはみんなケンの衣装が気に入った　　　　　なぜなら，それはとてもよかったから

liked ⑥**Ken's costume** / because ⑥*it* was very good. /

オリビアは言った　　　　　それはいちばんいい衣装だと　　　　　その日で

Olivia said / ⑥*it* **was the best costume** / ⑦*that* day. /
good の最上級「最も良い」　　　　　「その」

ケンはうれしかった　　　　　それを聞いて

Ken was glad / ⑩to hear ⑧*that*. /
to 不定詞（副詞）

🎯 **重要点をつかもう**

代名詞が指す内容を太字に，代名詞を斜体にしてあります。「元にあたる語が何なのか」を意識して文を見てみましょう。

🔍 **代名詞が指す内容**

▶代名詞が指す内容は直前にある場合が多いです。

① Ken →① he
② Olivia →② her
③ Ken →③ he, ③ him
④ a costume of a Japanese anime character → ④ that costume
⑤ everyone at the party → ⑤ they
⑥ Ken's costume →⑥ it
⑦ that (day) → party(の日)

▶ that は直前の内容を指す場合もあります。

⑧ that → it was the best costume that day

・of の用法に注意
⑨A of B「B の A」 A と B の関係に注意しましょう。
a window of the house「家の窓」

・不定詞(to ＋動詞の原形)の用法
▶感情を表す表現…＋ to 不定詞～ 「～して…」
⑩ to 不定詞が前の感情の理由を表しています。
I'm happy to see you.
「私はあなたに会えて(会えたので)うれしいです。」

第1章　第2章　総仕上げテスト

← もう一度，左ページの英文を読んでみましょう。

次の英文は，英語の授業で，由香がスピーチをしている場面のものです。これを読んで，あとの問いに答えなさい。

Hi, everyone. I'd like to talk about this cup. It's a present from my host family in America. Last July I went to New York to study English and did a homestay for one week at Mr. and Mrs. Brown's house. I really enjoyed [①] them with housework such as cooking and washing their car. But I had a difficult time at meals. When I tried to explain even one thing, it always took a [②] time to do it. I felt sorry because they often stopped eating and waited until I finished talking.

On the last day of my stay, Mrs. Brown said to me, "I know you aren't happy with your English now, but I'm sure you'll [③] a good English speaker someday." Then she gave me this cup. I found a message written on it: "Don't give up! Keep trying!" I was moved. This is my treasure and it gives me a lot of energy.

Thank you.

〔北海道〕

🐻語句　speaker 話す人　　someday いつか　　give up あきらめる　　treasure 宝物　　energy エネルギー

(1) 本文の内容から考えて，　①　に入る英語として最も適当なものを，**ア〜エ**から選んで（　　）の中に記号を書きなさい。

（　　）

ア　helping　　**イ**　asking

ウ　giving　　**エ**　making

(2) 本文の内容から考えて，　②　，　③　に入る適当な1語をそれぞれ書きなさい。

②　_____　③　_____

(3) 本文の内容から考えて，次の問いに対する答えを，主語と動詞を含む英文1文で書きなさい。
How did Yuka feel when she got the cup with the message from Mrs. Brown?

_____

文　法	絶対重要表現
動名詞：動詞＋ ing	□ would like to *do*「〜したい」
▸ 動詞に ing をつけて「〜すること」 stop *doing*「〜をやめる(〜することをやめる)」，finish *doing*「〜し終える(〜することを終える)」	□ for ＋期間「(期間)の間」
	□ such as 〜「たとえば〜」
分詞：現在分詞と過去分詞	□ have a difficult time「なかなかうまくいかない」
▸ 現在分詞「〜している」 a sleeping cat「眠っている猫」	□ be moved「感動する」
▸ 過去分詞「〜された」 a message written on it「それに書かれたメッセージ」	

Step 2 標準問題②

次の文は中学3年生の健(**Ken**)さんが英語の授業で行ったスピーチの原稿です。これを読んで，あとの問いに答えなさい。

I have a very good friend. His name is Takuya. We have been friends since we were in elementary school. In junior high school, we played tennis together. Now I am going to tell you about our tennis days.

"Which club will you join, Ken?" Takuya asked me when we entered our junior high school in April. "Actually, I haven't decided yet, but have you..." I answered and was going to ask him about his plan. He stopped me and said, "Let's play tennis together. I want you to be my partner." He started 5 playing it one year ago in elementary school. He continued, "I've got a new racket, so you can use this old one." I was surprised to hear that because I knew he took great care of it. A few days later I went to the tennis club with it and became a member.

Almost every day we practiced tennis together. Everything was new to me, and it was a lot of fun. In the summer of that year, Takuya became my partner, and we entered a tournament for the first 10 time. I decided to try my best on that day, but I made many mistakes and we lost. I didn't know what to say to Takuya. I thought, "What do Takuya and other members think about me?" I didn't want to play tennis any more. Then I did not even speak to him. Things did not change for a while.

Then one day, Takuya talked to me, "Hi, Ken! We haven't practiced tennis together after the tournament finished. ⎡　　A　　⎤" I said, "If you play with me, I will make mistakes and we will lose 15 again..." He said, "If you do nothing, things will not change and you won't be a better player." Then he smiled and said, "Making mistakes is OK if you are trying!" I was surprised and couldn't say anything. I was afraid of playing tennis after the tournament and did nothing. It was the biggest mistake that I have made. His words changed my mind. After that I practiced harder, made many mistakes, and became a better player.

20

Our junior high school tennis days have just finished, but I learned a lot from Takuya through tennis. One thing is for sure. Trying something and making mistakes is better than doing ⎡　　B　　⎤. I will have chances to find something new if I try.

〔石　川〕

🕮 語句　Takuya 拓也(健の友人)　　elementary school 小学校　　actually 実は　　partner パートナー
tournament 大会　　for a while しばらく　　for sure 確かな

(1) 下線部の that は，どのようなことを指していますか，日本語で書きなさい。

(   )

(2) 本文中の ☐ A ☐ の中に入る，5語以上の適切な内容の英文を書きなさい。

- -

(3) 本文中の ☐ B ☐ の中に入る，1語の適切な内容の語を本文中から抜き出して書きなさい。

- - - - - - - - - - - - - - -

(4) このスピーチを聞いて，明(Akira)さんが次のように健さんの経験をまとめました。次の①～
③に入る最も適切な語を，下の**ア～カ**からそれぞれ1つずつ選び，その記号を( )の中に書
きなさい。　　　　　　　　　　　　　　　　　　　　　(① 　) (② 　) (③ 　)

　　Ken started playing tennis in junior high school. Then, he entered his first tournament with his
friend Takuya. However, Ken made mistakes and they couldn't (①). He felt very (②)
and couldn't talk with Takuya. He didn't even play tennis with him. But Takuya was (③) and
told him something nice. This changed his mind, and he started to practice harder.

ア happen 　　　**イ** kind 　　**ウ** practice
エ short 　　　　**オ** sorry 　　**カ** win

(5) 次の**ア～エ**のうち，このスピーチのタイトルとして最も適切なものを1つ選んで，その記号を
( )の中に書きなさい。　　　　　　　　　　　　　　　　　　　　　　　( )
ア How to Be a Good Tennis Player
イ My Friend Takuya and His Favorite Things
ウ My Happiest Time in Junior High School
エ Things I Learned from Takuya through Tennis

(6) スピーチをした後，佐藤(Sato)先生がスピーチの内容について健さんに質問しました。それぞ
れの下線部にあてはまる適切な英語を書きなさい。

① *Ms. Sato* : _____ you interested in joining the tennis club?

　Ken 　　: I began to think of becoming a member of the tennis club because Takuya asked
　　　　　　 me to play tennis with him.

② *Ms. Sato* : What will you say to your friend if he tries something new?

　Ken 　　: I want to say to him, "You shouldn't _____ it even when you make
　　　　　　 mistakes."

31

Step ③ 実力問題

次の文は，高校で農業を学んでいるゆりえさんが，県の英語スピーチ大会で発表した英文です。これを読んで，あとの問いに答えなさい。

I study how to grow vegetables at high school. Growing them is not easy, but I feel happy when they become big. We love our vegetables very much, so we want many people to eat them. We talked about things we could do. One of my classmates, Kumi, said, "How about school lunch? Our vegetables can be used to make lunch for children." We all liked the idea but did not know ☐　A　☐. So we asked our teacher. He said, "Do you know about 'town meetings'? You can tell your idea to our mayor. He wants to have new ideas for this town." We all thought we should do it.

Kumi and I went to the meeting. At the meeting, there were about fifty people but we were the only students. I told the mayor about our idea. He liked it very much. A month later, we heard the news. Some elementary schools in the town were going to use our vegetables for their school lunch. We were very excited.

We visited one of the elementary schools and joined a second year class. First, we showed them our vegetables. One of the boys said, "The shape of this cucumber is strange!" "☐　B　☐" I said. So he ate it and said, "This is so good!" Many other children tried and got excited. I said to them, "Fresh vegetables taste different. We got them this morning at our school before we came here." Then we told them how to grow vegetables by showing some pictures. We also said we had to take care of the vegetables every day, even during vacations.

Then we ate lunch with the children. It was nice to see our vegetables in the food. It was also nice to see the children enjoying them. But I saw one girl who did not look happy. Her name was Maki. I asked her, "Are you all right?" She answered, "Yes, I am." But she still did not look happy. I said nothing more. After lunch, Maki came to me and said, "I don't like vegetables, but I tried to eat everything because I learned you worked so hard to grow them." Then she smiled and said, "I ate all of them and they tasted good! Now I think I can eat more." Her words made me very happy.

I learned from the children that our vegetables can make people happy. And I have ☐　　　☐ to grow vegetables in the future as a job. I want the people of my town to enjoy my vegetables when they are fresh. I will try to meet them and show how I grow vegetables. They will feel safe when they eat my vegetables. I also want people living in other places to eat my vegetables. I will visit other towns and ask people to try my vegetables. Even people living far away can buy my fresh vegetables on the Internet. If they like my vegetables, they will remember my town's name. Then more people will visit my town. That means my vegetables will bring people to my town. I believe I can work for my town by growing vegetables.

〔兵 庫〕

🌀 **語句** grow 育てる　vegetable 野菜　mayor 市長　elementary school 小学校　shape 形
cucumber キュウリ　strange 変わった　fresh 新鮮な　taste 味がする　safe 安全な

(1) 文中の ☐ A , ☐ B に入る最も適切なものを次の**ア〜エ**からそれぞれ1つずつ選んで，その
記号を(　)の中に書きなさい。

☐ A ☐　　**ア**　how to cook it　　　　**イ**　why we liked it　　　　　　　(　　)
　　　　　　ウ　what to do about it　　**エ**　where we could eat it

☐ B ☐　　**ア**　Why don't you try it?　　**イ**　Will you show it to everyone?　(　　)
　　　　　　ウ　Why do you think so?　　**エ**　What does it look like?

(2) 下線部に関して，it が指す内容として適切なものを次の**ア〜エ**から1つ選んで，その記号を(　)　(　　)
の中に書きなさい。

ア　to ask their teacher to make school lunch with their vegetables
イ　to ask their teacher to go to the town meeting
ウ　to ask the mayor to eat their vegetables
エ　to ask the mayor to use their vegetables for school lunch

(3) 本文中の ☐ に入る適切なものを次の**ア〜エ**から1つ選んで，その記号を書きなさい。

ア　asked　　　**イ**　decided　　　**ウ**　started　　　**エ**　kept　　　(　　)

(4) 本文の内容に合うように，次の ☐あ , ☐い に入る適切なものをあとの**ア〜エ**からそれぞれ
1つずつ選んで，その記号を(　)の中に書き，①，②の英文を完成させなさい。

① At the elementary school, the high school students ☐ あ ☐.　　　　(　　)
　ア　showed the vegetables they got at their high school that morning
　イ　found many children did not want to eat their vegetables
　ウ　tried to tell the children about the beautiful colors of fresh vegetables
　エ　wanted the children to know growing vegetables is not difficult

② At lunch, Maki ate the vegetables because ☐ い ☐.　　　　(　　)
　ア　she liked the strange shapes of the vegetables
　イ　she thought the high school students were watching her
　ウ　she found all the other children ate all of their lunch
　エ　she understood the high school students worked hard to grow them

(5) 本文の内容に合うものを次の**ア〜カ**から2つ選んで，その記号を(　)の中に書きなさい。
(　　)(　　)

ア　It was Kumi's idea to go to a town meeting and tell the mayor about school lunch.
イ　The town meeting Yurie and Kumi joined was only for students.
ウ　Yurie was happy because Maki felt she could eat more vegetables than before.
エ　Yurie wants to show the people of her town how to cook her vegetables well.
オ　Yurie thinks people living in other towns cannot eat her fresh vegetables.
カ　Yurie wants a lot of people to know about her town through her vegetables.

5. 必要な情報をつかむ

Step 1 基本問題

まず，次の長文問題に挑戦してみましょう。

次の英文を読んで，あとの問いに答えなさい。

Some people say that they can't sleep well at night and can't get up early in the morning. I think this is a serious problem because sleeping well is important for your health. If you have this kind of problem, please try these three things. First, when you get up, please get the morning sunlight. Then your body clock will work better and you will sleep well at night. Second, you should exercise every day. Then you can sleep better. Third, before you go to bed, it is good to do relaxing things, for example, listening to CDs you like. I hope you will try these things.

〔高　知〕

🔖 語句　serious 重大な　　health 健康　　sunlight 日光　　body clock 体内時計　　exercise 運動する
relaxing くつろがせる

この英文の表題として最も適切なものを，下のア～エから1つ選んで，（　　）の中に記号を書きなさい。

（　　）

ア　年齢に応じた睡眠時間の重要性について
イ　良い睡眠を得るための方法について
ウ　睡眠の種類とそれぞれの特徴について
エ　体内時計と睡眠時間の関係について

読みの見える化！ このページでは，左ページの英文を解説しています。解説を見ながら読んでみましょう。

ある人たちは言う　　　　　　　　よく眠れないと　　　　　　　　夜に
Some people say / ①that they can't sleep well / at night /
「(～である)ということ」

そして起きられない　　　　　　朝早く　　　　　　　私は思う
and can't get up / early in the morning. / I think /
「起きる」　「早く」

これは深刻な問題である　　　　　　なぜなら　　　よく眠ることは
①this is a serious problem / because / ②sleeping well /
動名詞「～すること」

大切なこと(だから)　　　　健康にとって　　　もし　持っているのであれば
is important / for your health. / If / you have / this

この種の　　　問題を　　　試してみてください　　これら3つのことを
kind of / problem, / please try / these three things. /

第一に　　　　　　起きるとき　　　　得てください　　　朝の太陽の光を
③First, / when you get up, / please get / the morning
「得る」

そうすると　　　　体内時計が　　　　よりうまく働くだろう
sunlight. / Then / your body clock / will work better /
wellの比較級

そしてあなたはよく眠るだろう　　　　夜に　　　第二に
and you will sleep well / at night. / ③Second, / you

運動をすべきだ　　　　毎日　　　そうすると　もっとよく眠ることができる
should exercise / every day. / Then / you can sleep

第三に　　　　　寝る前に　　　　　よい
better. / ③Third, / before you go to bed, / ④it is good /
「寝る」

くつろげることをすることは　　　たとえば　　　CDを聞くこと
to do relaxing things, / for example, / ②listening to CDs /
to不定詞(名詞)　　　　　　　　　listen to ～「～を聞く」　　　.

あなたが好きな　　私は望む　　　これらのことを試す(ことを)
you like. / I hope / ①you will try these things. /

もう一度，左ページの英文を読んでみましょう。

重要点をつかもう

英文を読む前に，設問に目を通しておきましょう。そうすることで効率よく英文が読めます。

確認 that節を目的語にとる動詞

節とは，「主語＋動詞」のまとまりのことです。**「that以下のことをどうするのか」**を意識しましょう。

① that節が say や think，hope などの目的語になっています。この場合，that が省略されることが多くあります。

say (that) ～「～であると言う」
think (that) ～「～であると思う」
hope (that) ～「～であることを望む」

・動名詞：動詞＋ing

② sleeping のように，動詞に ing をつけて，名詞の働きをします。文の中では，主語や目的語，補語になります。「～すること」という意味になります。

sleeping well「よく眠ること」
listening to ～「～を聞くこと」

・順序を表す表現

③ 「第一に」，「第二に」，「第三に」と順序を言いたいときは，First, Second, Third のような語を用います。

・It is ～ to 不定詞 ...

④ It is ～ to 不定詞...では，it は to 以下の内容を表します。「...することは～である」という意味になります。

It is good to do relaxing things.「くつろげることをするのはよい。」

第1章　第2章　総仕上げテスト

35

次の英文を読んで，あとの問いに答えなさい。

　　Linda liked flowers very much.　One day, she saw an old man who was taking care of flowers in his small garden.　Linda said, "Beautiful!" "Do you like flowers?　When you're free, come here to see these flowers," said the old man.

　　After school Linda sometimes went to his house.　She asked, "Do you live with your wife here?" "She's been sick since last month, so she is now in 5 hospital," he answered. "(　①　)" she said.　He said, "I hope so... She likes flowers very much.　She grew these flowers, and I'm now taking care of them for her.　I sometimes want to give up growing them because it's very hard.　But I want to show my wife the flowers again, so ②I can't stop it." "She'll be happy to see these flowers again," said Linda. "Thank you.　I have a dream.　I want to 10 grow them with my wife," he said.

〔長崎－改〕

🐻語句　Linda リンダ(人名)　　　garden 庭　　　wife 妻　　　give up やめる，あきらめる

・(1) 本文中の（ ① ）に入る最も適当なものを，**ア～エ**の中から1つ選んで，（　）の中に記号を書きなさい。　　　　　　　　　　　　　　　　　　　　　　（　　）

　　ア　Is she sick?

　　イ　Is she all right?

　　ウ　Is she home?

　　エ　Is she busy?

(2) 下線部②の理由として最も適切なものを次の**ア～エ**の中から1つ選んで，（　）の中に記号を書きなさい。　　　　　　　　　　　　　　　　　　　　　　（　　）

　　ア　花の栽培に興味があるから。

　　イ　妻に花の世話を頼まれたから。

　　ウ　妻に再び花を見せたいから。

　　エ　リンダが花を見に来てくれるから。

・(3) リンダが出会ったお年寄りの夢は何ですか。（　）の中に日本語で書きなさい。

（

　　　）

文　法

関係代名詞

　前の名詞（先行詞という）と後ろの節とを結びつける働きをする代名詞。後ろの節が前の名詞を説明します。

She saw a man **who** was taking care of flowers.

「彼女は花の世話をしている男の人を見ました。」

絶対重要表現

□ take care of ～「～の世話をする」

□ after school「放課後」

□ since ～「～以来」

□ all right「元気である（元気な）」

□ give up「あきらめる」

次の２つの英文は，それぞれ，アメリカに住むベッキー(Becky)さんと，日本に住む友人の高校生の真理子(Mariko)さんがやりとりしたメールである。【メールA】は，真理子さんがベッキーさんを訪問する前のもので，【メールB】は，真理子さんが日本に帰ったあとのものである。これらを読んで，あとの問いに答えなさい。　　　　　　　　　　　　　　　　　　　　　　　　　　　　　　　　　　　　　　〔徳島〕

【メールA】

Hi, Mariko.

　Thank you for your e-mail. ①I'm really excited to hear that you are going to come to America and stay at my home for a week. I can't wait.

　I'll meet you at the airport with my family. Now I have one question. Where do you want to go during your stay? I want to visit many places with you. I hope I can hear from you soon.

See you,
Becky

【メールB】

Dear Becky,

　How are you doing? I'm home now. Thank you for everything you did for me. I had a wonderful time with you.

　When I arrived at the airport and saw you and your family, I was so happy. All of you had to wait for a long time because my flight was two hours late. But you said to me, "②No problem." I'll never forget it.

　I enjoyed talking with you and visiting many places. I'm going to send you some pictures I took in front of the science museum.

　　　　　　　　　　,
Mariko

(1) 下線部①について，ベッキーさんは，どのようなことを知ってわくわくしていますか。（　　）の中に答えを日本語で書きなさい。

（
　　）

(2) 下線部②について，ベッキーさんは，どのようなことに対してそう言ったのですか。（　　）の中に答えを日本語で書きなさい。

（
　　）

(3) 次の英文の＿＿＿に適切な英語を入れて，〈質問〉に対する〈答え〉を完成させなさい。

〈質問〉Where did Mariko take the pictures she is going to send to Becky?

〈答え〉She took them ＿＿＿＿＿＿＿＿＿＿＿＿＿＿＿＿＿＿＿＿＿＿＿＿＿＿＿＿＿＿.

(4) 【メールB】の ☐ に入る終わりのあいさつとしてふさわしくないものを，次のア～エから1つ選び，（　　）の中に記号を書きなさい。　　　　　　（　　　）

ア　Best wishes

イ　A long time ago

ウ　Bye for now

エ　Take care

Step ③ 実 力 問 題

時 間
25分

次の英文は，**ALT** のマーティン先生（*Mr. Martin*）の授業で信吾（*Shingo*），由香（*Yuka*），隆（*Takashi*）が発言している場面である。これを読んで，あとの問いに答えなさい。

Mr. Martin : Today, we are going to talk about music. When I was young, I listened to music on CDs. But now many people like to get music by downloading. This means they don't buy a CD and they get music on the Internet. Downloading is very popular now. What do you think about it?

Shingo : ①I like downloading better than buying CDs. There is a CD shop near my house. But it is easier to get music at home.　　　　　　　　　　　　　　　　　　　　　　　　　　　　5

Mr. Martin : I understand your idea. How about you, Yuka? Do you have the same idea?

Yuka : No. I don't get music by downloading. I don't like the sound. One musician says, "　A　" He doesn't agree with downloading. So we can't get his music by downloading.

Mr. Martin : I didn't know that sounds are different. Takashi, tell me your idea.

Takashi : I understand it is very convenient to get music by downloading. Sometimes I do it. Also, 10 we don't have to pay more money. For example, we need 1,200 yen to buy a CD. But we only need 600 yen to get the same music by downloading.

Mr. Martin : That sounds good.

Takashi : But there is a problem. Some people get music without money, and they sometimes give it to someone else. Some of them don't understand this is bad.　　　　　　　　　　　　　15

Mr. Martin : I see, Takashi. You mean that 　B　, right?

Takashi : That's right. ②If people get music without money, musicians can't get money. For example, one of them lost about 2 billion yen because many people didn't pay money. Musicians need a lot of money to make good music. If they don't get money, we won't enjoy listening to good music.

Mr. Martin : I'm happy to hear different ideas from you all. We should be careful when we get music 20 by downloading. Thank you.

〔佐 賀〕

🎵 語句　downloading インターネット上の情報をパソコンなどに取り込むこと　　sound 音
musician ミュージシャン，音楽家　　convenient 便利な　　pay 〜 〜を払う　　money お金
billion 10 億

(1) 下線部①の理由は何か。（　　）の中に日本語で書きなさい。

（　　　　　　　　　　　　　　　　　　　　　　　　　　　　　　　　）

(2) ［ A ］には次の**ア〜ウ**の英文が入ります。意味が通るようにそれらを並べかえ，（　　）の中に
それぞれ記号を書きなさい。　　　　　　　　　　（　　　　）→（　　　　）→（　　　　）

ア So I want my fans to enjoy listening to my songs on CDs.

イ I know many people want to get my songs by downloading.

ウ But I don't like it because the sound of the music by downloading is not good.

(3) ［ B ］に入る英語として，最も適当なものを，次の**ア〜エ**の中から1つ選んで，（　　）の中に
記号を書きなさい。　　　　　　　　　　　　　　　　　　　　　　　　　（　　　）

ア it is difficult to get good music by downloading

イ you don't want to get music by downloading

ウ getting music by downloading has both good points and bad points

エ it is very good to get music by downloading without money

(4) 下線部②について，次の㋐，㋑の問いに答えなさい。

㋐ 隆は，その結果，私たちにどのようなことが起こると考えていますか。（　　）の中に答えを
日本語で書きなさい。

（　　　　　　　　　　　　　　　　　　　　　　　　　　　　　　　　）

㋑ 隆は，なぜ㋐のようになると考えていますか。（　　）の中に答えを日本語で書きなさい。

（　　　　　　　　　　　　　　　　　　　　　　　　　　　　　　　　）

(5) マーティン先生について，本文の内容に合っているものを，次の**ア〜エ**の中から1つ選んで，
（　　）の中に記号を書きなさい。　　　　　　　　　　　　　　　　　　（　　　）

ア He enjoyed listening to music by downloading when he was young.

イ He agrees with Shingo, but he doesn't agree with Yuka.

ウ He thinks his students should not get music by downloading.

エ He enjoys listening to what his students think about getting music by downloading.

6. 会 話 文

Step 1 基本問題

まず，次の長文問題に挑戦してみましょう。

次の英文は，ジェニー (**Jenny**) と，海外に留学しているアユム (**Ayumu**) との対話です。これを読んで，あとの問いに答えなさい。

Jenny : 　ア

Ayumu : No, I have nothing to do next Sunday.

Jenny : [　A　] We made some movies for it. They are short, but very interesting. Could you come to the festival?

Ayumu : Of course. 　イ

Jenny : You can see them in the culture hall.

Ayumu : Oh, I see. 　ウ

Jenny : I made three movies. One of them is a movie about our school life, so you can see some of our friends in it.　　　　〔青 森〕

🔖 語句 culture hall 文化ホール

---

(1) 上の対話の意味が通るように， ア ～ ウ に入る英文を　　にそれぞれ1つ書きなさい。

ア

イ

ウ

(2) 上の対話の意味が通るように，[　A　]に入る最も適切なものを，次の①～⑥の中から1つ選んで，（ 　）の中に記号を書きなさい。　　　　（　　）

① I will go to the culture hall by ten o'clock.

② Ten o'clock is too early, so I can't go to the culture hall.

③ I am sorry, but I can't see a movie next Sunday.

④ Please come to our school to join in a famous festival of our city.

⑤ Our club is going to have a movie festival.

⑥ I will go to the culture hall at ten to buy a ticket.　🔖 語句 ticket 入場券

📖 **読みの見える化！**　このページでは，左ページの英文を解説しています。
解説を見ながら読んでみましょう。

Jenny : | ア |

いいえ，何もないよ　　　　　　　　　　　　　　するこは　　　　　今度の日曜日
Ayumu : No, I have *nothing* / ①to do / next Sunday. /
　　　　　　　　　　　　「何も〜ない」　　to 不定詞

　　　　　　　　　　　　　　　私たち，映画をいくつか作ったのよ　　　　それのために
Jenny : [　　A　　] We made some movies / for it. /

それらは短い　　　　　　だけどとてもおもしろいのよ　　　　　来てくれない
They are short, / but very interesting. / ②Could you
　　　　　　　　　　　　　　　　　　　　　　　　　　　　「〜してくれませんか」

その祭りに
come / to the festival? /

もちろん
Ayumu : Of course. / | イ |

それらを見ることができるよ　　　　　　文化ホールで
Jenny : You can see them / in the culture hall. /

うん，分かった
Ayumu : Oh, I see. / | ウ |

3本の映画を作ったの　　　　　　　　そのうちの1本は　　　　　映画よ
Jenny : I made three movies. / One of them / is a movie /
　　　　　　　　　　　　　　　　　one of 〜「〜のうちのひとつ」

私たちの学校生活についての　　　　だから見ることができるわよ　　友達の何人かを
about our school life, / so you can see / some of our
　　　　　「学校生活」　　　　　　　　　　some of 〜「〜のうちの何人(いくつ)か」

その中では
friends / in it. /

← もう一度，左ページの英文を読んでみましょう。

🎯 **重要点をつかもう**

会話文を読むときは，「何の話をしているのか」，「どのように会話が進んでいくのか」をつかみとりましょう。ここではジェニーが映画祭にアユムを誘う展開になっています。映画祭の内容を読みとりましょう。

🔍確認　**不定詞の用法**

不定詞を太字に，説明される語，あるいはそれを目的語にとる動詞を斜体にしてあります。「不定詞に説明される語が何なのか」「不定詞を目的語にとる動詞」を意識しましょう。

▶不定詞が直前の名詞を説明することがあります。これが不定詞の**形容詞的用法**。「〜するための」「〜すべき」という意味になります。

① I have nothing to do.
「私には何もすべきことが（しなければならないことは何も）ありません。」

▶不定詞が前の動詞の目的語になることがあります。これが不定詞の**名詞的用法**です。
「〜すること」という意味になります。
I want to see it.
「私はそれを見たいです。」

・「依頼」の表現
「〜してくれませんか」と依頼するときは，Can you 〜？という表現を使います。

② Could you 〜？ はそれのよりていねいな言い方。
Could you come to the festival?
「祭りに来てくれませんか。」

中学生のカオル（**Kaoru**）さん，オーストラリアからの留学生ナンシー（**Nancy**）さん，カオルさんの両親が夕食をとりながら，話をしています。その会話を読んで，あとの問いに答えなさい。

Nancy : Could you pass me the salt, please?

Mother : (　　A　　)

Nancy : Thank you, *dandan*.

Kaoru : Wow! You speak *Izumo-ben*!

Nancy : Yes. I'm studying Japanese ①dialects now.　　　　　　　　　　　　　　　　5

Kaoru : Why are you interested in them?

Nancy : In Australia, I learned standard Japanese. When I first came to Japan two years ago, I was surprised to talk with my host family in Osaka. Their Japanese sounded like another language. It was *Kansai-ben*.

Kaoru : (　　B　　)　　　　　　　　　　　　　　　　　　　　　　　　　　10

Nancy : I tried to remember and use some *Kansai-ben* with the people I met. Then communication became much easier and I made more friends.

Father : Sounds interesting.

Nancy : I feel dialects have some special power that standard Japanese doesn't have. So I'm very sorry to hear ②young people today don't use them as much as before. Why don't they?　15

Kaoru : I don't know why. Though *Izumo-ben* is my dialect, I don't use "*dandan*" myself.

Mother : We usually listen to standard Japanese on the radio or TV. This may be one of the reasons.

Father : My mother once told me a story. A boy in her class decided to go to Tokyo to work. He said to her, "③I will try to use standard Japanese in Tokyo. No one will understand　20 *Izumo-ben*."

Nancy : But I like *Izumo-ben*. I think each dialect shows a part of culture in the area. Kaoru, you should be proud of your dialect. Tomorrow, I'll go to the school library to study about it. Would you like to come with me?

Kaoru : OK. ④I'd love to.　　　　　　　　　　　　　　　　　　　　　　25

Mother : Oh, I almost forgot. I've bought some cake for dessert. Please help yourself.

Nancy and Kaoru : Dandan!

〔島根〕

🔰語句　standard 標準的な　　power 力

(1) 会話の中の（　A　），（　B　）に入れるのに最も適当なものを，それぞれ**ア～エ**の中から１つずつ選んで，（　　）の中に記号を書きなさい。　　　　　　　　　　（A　　）（B　　）

（　A　）　**ア**　Yes, I could.　　**イ**　No, I couldn't.　　**ウ**　Here you are.　　**エ**　How about you?

（　B　）　**ア**　But why were you so surprised?　　**イ**　How do you feel now?

　　　　　ウ　Who spoke *Kansai-ben* to you?　　**エ**　Then what did you do?

(2) 下線部①の単語の意味を，会話の内容から推測して，（　　）の中に答えを日本語で書きなさい。

（　　　　　　　　）

(3) カオルさんの母親は，下線部②のような状況になっている原因としてどのようなことを言っていますか。会話の内容にしたがって（　　）の中に答えを日本語で書きなさい。

（　　　　　　　　　　　　　　　　　　　　　　　　　　　　　　　　　　　　　）

(4) 下線部③のように少年が言った理由を，会話の内容にしたがって（　　）の中に日本語で書きなさい。

（　　　　　　　　　　　　　　　　　　　　　　　　　　　　　　　　　　　　　）

(5) 下線部④でカオルさんが言っている内容として最も適当なものを，次の**ア～エ**の中から１つ選んで，（　　）の中に記号を書きなさい。　　　　　　　　　　　　　　（　　　）

ア　I'd love to speak *Izumo-ben*.　　　　　**イ**　I'd love to have some cake for dessert.

ウ　I'd love to go to the library with Nancy.　　**エ**　I'd love to teach Nancy *Izumo-ben*.

(6) 次の**ア～オ**の中から，会話の内容と一致しているものを２つ選んで，（　　）の中に記号を書きなさい。　　　　　　　　　　　　　　　　　　　　　　　（　　　）（　　　）

ア　ナンシーさんは，日本に来るまで日本語を学んだことがなかった。

イ　ナンシーさんは，関西弁を使うことで友達が増えた経験がある。

ウ　カオルさんは，「だんだん」という言葉をふだんからよく使ってきた。

エ　カオルさんの祖母は，東京に働きに行ったことがある。

オ　ナンシーさんは，カオルさんが出雲弁に誇りを持つべきだと思っている。

文　法

２つの目的語をとる動詞

▶ tell ＋（人）＋（もの）

「（人）に～を話す」という意味になります。

He told me a story.

「彼は私に話をしてくれました。」

絶対重要表現

□ be interested in ～「～に興味を持っている」

□ be surprised「驚く」

□ be proud of ～「～を誇りに思う」

□ Would you like to *do* ～?「～するのはいかがですか」

□ help yourself「自由に取って食べる」

Step 2 標準問題②

次の対話文は，久美（**Kumi**）さんと留学生のナンシー（**Nancy**）さんが話をしているときのものです。これを読んで，あとの問いに答えなさい。

Kumi : Hi, Nancy. Happy new year! How have you been during the winter vacation?

Nancy : 　①　 *Akemashite Omedetou Gozaimasu.* Today, I have brought a picture to show you. Look!

Kumi : Wow! You are wearing *kimono*! You look so beautiful.

Nancy : Thank you, Kumi. When do Japanese people wear *kimono* these days?　　　　　5

Kumi : We wear it on special days. On the second Monday of January, for example. I don't know the day in English, but it is the day to celebrate people who become 20 years old in Japan.

Nancy : I think it's ㋐the coming-of-age day, right?

Kumi : Oh, I'll remember how it is said. Japanese people also wear *kimono* at graduation ceremonies or at wedding ceremonies.　　　　　10

Nancy : Really? Then, have you ever worn it?

Kumi : Yes, I have. I remember I wore it when I was three years old and when I was seven years old. We call that event *Shichi-go-san.*

Nancy : How did you feel when you wore it?

Kumi : I don't remember very well, but maybe I felt like a lady.　　　　　15

Nancy : 　②　

Kumi : It's interesting! I know the feeling well. Did you wear a pair of *zori* with *kimono* too?

Nancy : Yes, I did.

Kumi : Did you walk well?

Nancy : 　③　 That was my first experience. I tried to walk like a Japanese lady.　　　　　20

Kumi : Great!

Nancy : Thanks. Kumi, I thought there were ㋑two good things when I wore *kimono*. *Kimono* can make my feelings new. *Kimono* can also change my actions into better ones when I do things for other people.

Kumi : 　④　 I'll try to wear *kimono* again.　　　　　25

Nancy : Good!

〔宮崎〕

🔊語句　wedding ceremony 結婚式　　worn　wear の過去分詞形　　feeling 気持ち
　　　zori ぞうり（はきものの一種）　　experience 経験

(1) ① ～ ④ に入る最も適切な英文を，それぞれ次の**ア**～**エ**から１つずつ選んで，（　　　）の中に記号を書きなさい。　　　　（①　　　）（②　　　）（③　　　）（④　　　）

  ア　It was a little difficult.
  イ　Kumi, I also felt like a Japanese lady.
  ウ　I've been great!
  エ　Those are good points of view.

(2) 下線部⑦ the coming-of-age day の意味を，次の**ア**～**エ**から１つ選んで，（　　　）の中に記号を書きなさい。　　　　（　　　）

  ア　元日　　　　**イ**　こどもの日
  ウ　七五三　　　**エ**　成人の日

(3) 下線部④ two good things が表す内容として，最も適切なものを，次の**ア**～**エ**から１つ選んで，（　　　）の中に記号を書きなさい。　　　　（　　　）

  ア　When I wear *kimono*, I feel good and move without thinking about anything.
  イ　When I wear *kimono*, I feel fresh and do things for other people carefully.
  ウ　When I wear *kimono*, I feel good and walk with other people very fast.
  エ　When I wear *kimono*, I feel fresh and care about my beautiful *kimonos*.

時間
25分

中学生の健悟(Kengo)と里佐(Lisa)が，放課後にジョーンズ先生(Mr. Jones)と話をしています。三人の会話を読んで，あとの問いに答えなさい。

Mr. Jones : Hi, Kengo! Hi, Lisa! What are you doing?

Lisa : Hi, Mr. Jones. Do you know we have a school festival in October?

Mr. Jones : Yes. I'm looking forward to it.

Kengo : We are talking about the symbol for the festival.

Mr. Jones : Really?

Kengo : Yes, it is used on many things, for example, pamphlets and class flags. We want to make the best symbol!

Lisa : Please look at the three symbols on the desk. We designed them. Can you tell us what you think?

Mr. Jones : Sure.

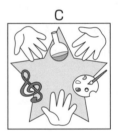

Kengo : First, please look at this one.

Mr. Jones : S and F?

Kengo : That's right. The main theme of the festival is "Strong Friendship." I wanted to express it.

Mr. Jones : It's easy to understand the main theme from your symbol.

Kengo : Thank you.

Lisa : I think that it is too simple for the festival. What do you think of this one? I designed it.

Mr. Jones : Three hands and a star?

Lisa : Yes, the star means the pleasure of the festival, and the hands mean strong friendship. We will be happy if we have strong friendship. We have many events like a music concert in the festival. I wanted to express them, too.

Mr. Jones : It's a good design for the festival. Kengo, what do you think about it?

Kengo : The symbol is used on many things, so it should be simple. I think it's difficult to use Lisa's symbol. How about this one? There are three stars in the symbol. They're the three grades in this school. Also, there are two circles. They're the boys and the girls. I want all the students to have strong friendship. I wanted to express it in this symbol.

Mr. Jones : You thought a lot about it.

Kengo : Mr. Jones, which one is the best for the festival?

Mr. Jones : Well, it's difficult to decide. Kengo, it's easy to use your symbols on many things. Lisa's symbol expresses the festival well. I like each symbol. But there is <u>one problem</u>.

Kengo : Problem?

Mr. Jones : Both of you expressed "Strong Friendship" well. But did you work together to make the symbols? For strong friendship, I think working together is very important.

Lisa : Oh, you're right. We forgot the most important thing!

Kengo : Yes, our main theme is "Strong Friendship," but we didn't work together.

Mr. Jones : If you work together, you can make the best symbol!

Lisa : Yes, thank you, Mr. Jones.

Mr. Jones : You're welcome. I hope the symbol you make will give all the students the power to work together.

Kengo : I hope so. We will make a new one and show it to you!

〔福　島〕

🏴 **語句**　symbol シンボルマーク　　pamphlet パンフレット　　flag 旗　　design ～ ～をデザインする
main theme メインテーマ　　express ～ ～を表現する　　circle 円　　forgot forget の過去形
power 力

(1) A～C のシンボルマークはそれぞれだれがデザインしたものですか。その組み合わせとして最も適当なものを，**ア**～**エ**の中から1つ選び，（　　）の中に記号を書きなさい。　　　（　　　）

　ア　A: Kengo　　　B: Kengo　　　C: Lisa　　　**イ**　A: Lisa　　　B: Kengo　　　C: Lisa

　ウ　A: Kengo　　　B: Lisa　　　C: Kengo　　　**エ**　A: Lisa　　　B: Lisa　　　C: Kengo

(2) 本文やシンボルマークの内容に合うように，次の①と②の英文の □ に入る最も適当なものを，**ア**～**エ**の中からそれぞれ1つずつ選び，（　　）の中に記号を書きなさい。

　① There are three □ in the symbol C.　　　　　　（　　　）

　　ア　stars　　**イ**　festivals　　**ウ**　hands　　**エ**　circles

　② Kengo thinks that □ .　　　　　　（　　　）

　　ア　Lisa's symbol is too simple　　　**イ**　Lisa's symbol is the best

　　ウ　using Lisa's symbol is useful　　　**エ**　using Lisa's symbol is difficult

(3) 次の英文は，下線部の内容を示したものです。 □ に入る適当な英語4語を書き，文を完成させなさい。

　Kengo and Lisa wanted to express "Strong Friendship," but □ .

(4) 本文の内容に合っているものを，**ア**～**エ**の中から1つ選び，（　　）の中に記号を書きなさい。

　ア　Kengo and Lisa want Mr. Jones to make a symbol for the festival.　　（　　　）

　イ　Mr. Jones thinks that Lisa's symbol expresses the festival well.

　ウ　It is not difficult for Mr. Jones to choose the best symbol for the festival.

　エ　Mr. Jones likes Kengo's symbols very much, but he doesn't like Lisa's symbol.

7. 図表・グラフを扱った文

Step 1 基本問題

まず，次の長文問題に挑戦してみましょう。

次の英文と，グラフ（**graph**）や表（**table**）について，あとの **Question** の答えとして最も適するものを，ア～エの中から１つ選んで，（　　）の中に記号を書きなさい。

There is a small shop in Taro's high school. Students can buy three kinds of sandwiches there — tomato sandwiches, egg sandwiches, and tuna sandwiches.

The graph below shows how many boxes of sandwiches students bought from Monday to Friday this week. The table below shows the weather and the temperatures in the same week.

〔神奈川〕

Graph

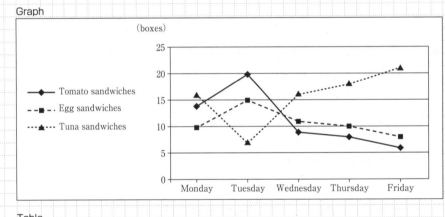

Table

Day of the week		Monday	Tuesday	Wednesday	Thursday	Friday
Weather		Sunny	Sunny	Rainy	Cloudy	Rainy
Temperature 〔℃〕	Highest	21	26	20	19	15
	Lowest	16	17	16	15	14

🍙 語句　tuna ツナ　　below 下の　　temperature 気温

Question: What can we say from the graph and the table?　　　　　（　　）

ア　Students bought more tomato sandwiches when the temperature became lower.

イ　Students bought more tuna sandwiches when the temperature became lower.

ウ　Students bought more egg sandwiches than tomato sandwiches on sunny days.

エ　Students bought more tomato sandwiches than tuna sandwiches when it rained.

📖 読みの見える化！

このページでは，左ページの英文を解説しています。解説を見ながら読んでみましょう。

<small>小さな店がある</small>　　　　　　　　　　　　　　　　<small>太郎の高校に</small>

There is a small shop / in Taro's high school. /
<small>「〜がある」</small>

<small>生徒は買うことができる</small>　　　　　　　<small>3種類のサンドイッチを</small>　　　　<small>そこで</small>

Students can buy / three kinds of sandwiches / there /
<small>副詞「そこで」</small>

<small>つまり，トマトサンド，たまごサンド，ツナサンド</small>

— tomato sandwiches, egg sandwiches, and tuna
<small>—(ダッシュ)は「つまり」という意味</small>

sandwiches. /

<small>下のグラフは</small>　　　　　<small>表している</small>　　　　<small>何箱のサンドイッチを</small>

The ①graph ②below / ③shows / how many boxes of
<small>「いくつの〜？」</small>

<small>生徒が買ったのかを</small>　　　　　<small>月曜日から金曜日までに</small>

sandwiches / students bought / ④from Monday to
<small>from 〜 to … 「〜から…まで」</small>

<small>今週</small>　　　　　<small>下の表は</small>　　　　<small>天候を表している</small>

Friday / this week. / The ①table ②below / shows the

<small>(〜)と気温を</small>　　　　　<small>同じ週の</small>

weather / and the temperatures / in the same week. /
<small>the same 〜 「同じ〜」</small>

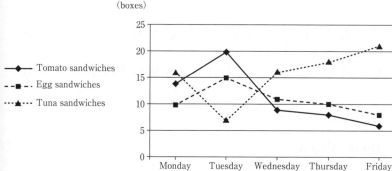

graph

Day of the week		Monday	Tuesday	Wednesday	Thursday	Friday
Weather		Sunny	Sunny	Rainy	Cloudy	Rainy
Temperature [℃]	Highest	21	26	20	19	15
	Lowest	16	17	16	15	14

← もう一度，左ページの英文を読んでみましょう。

🎯 重要点をつかもう

グラフや表を説明する部分を太字にしてあります。
「何についてのグラフ・表なのか」を意識しましょう。
そして，次の点に注意して文を見てみましょう。

確認 graph・table の意味に注意
① graph は折れ線グラフや棒グラフなどの「グラフ」という意味です。table は「表」です。食事をするときに使うテーブルとは違うので注意しましょう。

・below の用法に注意
② below「下記の」という意味。語順に注意しましょう。
the graph below「下のグラフ」
the table below「下の表」

・show の意味に注意
③ show (that)〜 で「〜であることを表す」という意味になります。
that のあとには「主語＋動詞」が続きます。

・from 〜 to … の意味に注意
④ from 〜 to … は「〜から…まで」という決まった表現です。
I study from morning to night.
「私は朝から夜まで勉強します。」

Step 2 標準問題 ①

【 月 日】

時間 15分

次は，Kana と留学生の Andy との対話の一部です。2人は，日本の世界遺産(World Heritage Site(s))について Kana がまとめたレポートを見ながら話をしています。これを読んで，あとの問いに答えなさい。

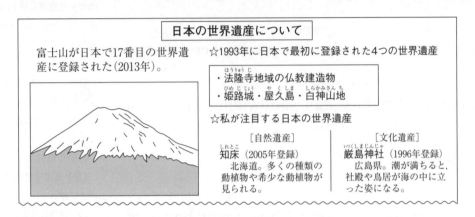

Kana: Andy, look at this. Mt. Fuji finally became the 17th World Heritage Site in Japan.

Andy: I'm glad to hear that. Have you ever been there?

Kana: No, but I'm going there with my family next month, on August 9.

Andy: That sounds good. Have you ever been to other World Heritage Sites in Japan? 5

Kana: Yes. Last month, I went to Himeji-jo on our school trip. It's a beautiful castle. In 1993, Himeji-jo and ___(A)___ other sites first became World Heritage Sites in Japan.

Andy: I see. Well, what are these about? 10

Kana: These are about the sites I focused on. This is about Shiretoko in Hokkaido. (B)I (a / Shiretoko / TV program / about / watched) a few weeks ago. I learned a lot from the program. We can see many kinds of plants and animals there.

52

Andy : That's great.　By the way, I didn't know there are so many World Heritage Sites in Japan.　I ＿＿＿(C)＿＿ of them during this summer vacation.

Kana : How about Itsukushima-jinja?　It's a shrine in Hiroshima.　It became a World Heritage Site in ＿＿(D)＿＿.　It's standing in the sea!

Andy : Wow!　That's wonderful.　I'll ask my host family to take me there.　〔山　口〕

🔖 語句　site 場所　　focus on ～に注目する　　plant 植物

(1) 下線部(A)に入る適切な数を＿＿に英語で書きなさい。

(2) 下線部(B)の（　　）の中の語句を，本文の内容に合うように並べかえなさい。

I ＿＿＿＿＿＿＿＿＿＿＿＿＿＿＿＿＿＿＿＿＿＿＿＿＿＿＿ a few weeks ago.

(3) 下線部(C)に入る，場面にふさわしい4語以上の英語を＿＿に書きなさい。

(4) 下線部(D)に入る適切な数字を＿＿に書きなさい。

(5) Kana が修学旅行で姫路城に行ったのは何月ですか。次のア～エから1つ選んで，（　　）の中に記号を書きなさい。　　（　　　　）

　ア　5月　　イ　6月　　ウ　7月　　エ　8月

文　法	絶対重要表現
There are ～. 「～がある〔いる〕」	□ look at ～「～を見る」
▶「（ある場所に）～がある〔いる〕」と言うときに用います。	□ last month 「先月」
There are many World Heritage Sites in Japan.	□ on a school trip 「修学旅行で」
「日本にはたくさんの世界遺産があります。」	□ focus on ～「～に注目する」
▶ be 動詞のあとに単数名詞が来るときは，There is ～. になります。	□ a few 「少数の」
	□ by the way 「ところで」
There is a World Heritage Site in the city.	□ during ＋期間 「（ある特定の期間）の間に」
「その都市には世界遺産が1つあります。」	□ How about ～? 「～はいかがですか。」

次の英文は，ある雑誌に掲載されている大雪水族館(Taisetsu Aquarium)の広告の一部です。これを読んで，あとの問いに答えなさい。

Taisetsu Aquarium

You can see about 500 kinds of sea creatures and you can enjoy the Dolphin Jumping Show and the Penguin Walking Time. Come and have an exciting time!

Dolphin Jumping Show

Penguin Walking Time

Time	9:00 — 17:00
Fee	Adult(16 years old and over) ⇒ 1,300 yen Adult with a student ID card ⇒ 1,000 yen Child(4 — 15 years old) ⇒ 500 yen Child(0 — 3 years old) ⇒ 0 yen

■ The Penguin Walking Time isn't held from May 1 to November 30.

〔北海道〕

🐟 語句　sea creature(s) 海洋生物　dolphin イルカ　penguin ペンギン　fee 料金　adult 大人
student ID card 学生または生徒の身分証明書

(1) 次の①，②の問いに対する答えとして最も適当なものを，**ア〜エ**から選び，それぞれ（　）の中に記号を書きなさい。

① Can people enjoy the Dolphin Jumping Show and the Penguin Walking Time at the Taisetsu Aquarium in June?　　　　　　　　　　　　（　　）

　ア　Yes, people can enjoy them.

　イ　No, people can't enjoy them.

　ウ　No, people can enjoy only the Dolphin Jumping Show.

　エ　No, people can enjoy only the Penguin Walking Time.

② A high school girl went to the Taisetsu Aquarium with her eleven-year-old brother. She was seventeen years old and didn't have her student ID card then. How much was the fee for them?

　ア　2,300 yen.　　**イ**　1,800 yen.　　　　　　　　　　（　　）

　ウ　1,500 yen.　　**エ**　1,300 yen.

(2) 次のようにたずねられたとき，あなたはどのように答えますか。主語と動詞を含む英文1文を_____に書きなさい。

What do you want to see if you go to an aquarium?

【　　月　　日】

Step ③ 実力問題

時間 25分

　次の英文は，中学生の治郎（**Jiro**）が，ブラウン先生と空港で交わしている会話です。下のフライト案内（**flight information**）を参考にして英文を読んで，あとの問いに答えなさい。

フライト案内（flight information）

✈ 出発　Departure				2月9日　現在時刻　8：29		
定　刻 Time	変更時刻 New Time	便　名 Flight No.	行　先 To	搭乗口 Gate	備　考 Remarks	
9：00	9：30	TJK　1965	Sapporo ⛄	47	時刻・搭乗口変更	
9：10		JXK　410	Tokyo ☂	32	定刻	
9：10	9：40	JXK　829	Okinawa ☁	48	時刻変更	
9：20	a	KTM　74	Sapporo ⛄	49	時刻・搭乗口変更	
9：30		ARK　1121	Okinawa ☁	40	定刻	
9：40	10：00	KTM　307	Okinawa ☁	50	時刻・搭乗口変更	

Jiro : Oh, Ms. Brown! I'm surprised to see you here.

Ms. Brown : Hi, Jiro! Good morning. I'm surprised to see you, too. Where are you going?

Jiro : I'm going to Sapporo to see my grandmother. How about you, Ms. Brown?

Ms. Brown : I'm going to Okinawa with my friends. We will visit some famous places like Shurijo Castle. We are also interested in *sanshin*, so we are going to find some places to play *sanshin* around the hotel.

Jiro : Wow! That sounds wonderful. I visited Shurijo Castle last year, and it was very beautiful. I want to go to Okinawa again. Have you ever been there before?

Ms. Brown : No, I haven't. This is my first trip to Okinawa. I hear the sea is beautiful. We want to go there if we have time.

Jiro : ［　①　］

Ms. Brown : At 9:40. My flight is thirty minutes late, so I have more than an hour before my departure. What are you going to do in Sapporo?

Jiro : My grandmother will take me to the Snow Festival today. I'll go skiing with my family tomorrow. My brother and I are going to go to the zoo on the last day of our stay.

Ms. Brown : What a nice plan! How many days are you going to stay in Sapporo?

Jiro : I'm going to stay for three days. My brother and I will come back with our mother on the night of February 11. But my father will leave Sapporo tomorrow night because he has to work in Tokyo the next day.

Ms. Brown : I see. Where is your family, Jiro? Are you going to Sapporo ⬛②⬛ this morning?

Jiro : Yes. The other members of my family will leave tonight. I'm excited to travel ⬛③⬛. I'm looking for the gate. I don't know how to get to Gate 32.

Ms. Brown : Gate 32? There are no flights that go to Sapporo from Gate 32. Today, the times and gates of many flights are changed because of the weather. It's OK. I'll help you.

Jiro : Thank you, Ms. Brown. The departure time on my ticket is 9:20.

Ms. Brown : OK. Let's look at that flight information. Your flight is forty minutes late. And the gate is changed, too. Our gates are next to each other. Let's go together.

Jiro : Thank you very much, Ms. Brown.　　　　　　　　　　　　　　　　　　〔京　都〕

🎮 語句　*sanshin* 三線(さんしん)(沖縄の伝統的な楽器)　　travel 旅行をする　　ticket 搭乗券

(1)　⬛①⬛ に入る最も適当なものはどれですか。次のア～エから１つ選び，(　　)の中に記号を書きなさい。　　　　　　　　　　　　　　　　　　　　　　　　　　　　　　(　　)

　ア　Which flight goes to Okinawa?

　イ　When will you leave Sapporo?

　ウ　What time are you going to leave?

　エ　Do you know what time it is?

(2)　⬛②⬛ ・ ⬛③⬛ に共通して入る最も適当な１語を書きなさい。　　- - - - - - - - - - - - - - - -

(3)　本文の内容とフライト案内(flight information)から考えて，ブラウン先生が乗る飛行機の便名はどれですか。次のア～エから１つ選びなさい。また，⬛a⬛ に入る時刻を数字で書きなさい。

　ア　TJK 1965　　　　　　　　　　　　　　　　　　(　　)　(a　　)

　イ　JXK 829

　ウ　ARK 1121

　エ　KTM 307

(4)　本文の内容と一致しない英文はどれですか。次のア～エから１つ選び，(　　)の中に記号を書きなさい。　　　　　　　　　　　　　　　　　　　　　　　　　　　　　　(　　)

　ア　Ms. Brown will go to Okinawa for the first time, and she will visit some places with her friends.

　イ　Jiro's father will leave on the second day of his stay in Sapporo because he has some work.

　ウ　In Okinawa, Ms. Brown wants to go to the sea with her friends if they have time.

　エ　Jiro will go to the Snow Festival with his grandmother on the second day of his stay in Sapporo.

8 説明文

Step 1 基本問題

まず，次の長文問題に挑戦してみましょう。

文章の内容に合っている文は，下のア～エのうちではどれですか。（　　）の中に記号を書きなさい。

Every summer there are fireworks festivals all over Japan and many people enjoy fireworks in the night sky. Then, when and how were fireworks first made? No one knows much about it. But many people studying about them think that fireworks came from China in the 10th century. Chinese people made a lot of different kinds of fireworks with many effects and colors. Fireworks are still an important part of Chinese culture. In fact, China is the biggest maker and exporter in the world. Now fireworks have spread all over the world. In many countries, people can enjoy wonderful fireworks in the night sky on national holidays and New Year's Eve.

〔都立戸山〕

🔑 語句　effect 効果　　exporter 輸出国　　spread 広がる

（　　）

ア　Many people who enjoy watching fireworks in the night sky know that they began in China in the 10th century.

イ　Chinese people made many kinds of fireworks with a lot of effects and colors to show Chinese culture to the world.

ウ　There is actually no other country that makes more fireworks and sells them to other countries than China today.

エ　National holidays and New Year's Eve are the only important days for fireworks in many countries in the world.

読みの見える化!　このページでは，左ページの英文を解説しています。
解説を見ながら読んでみましょう。

毎年夏に　　　　　　　　　　花火大会がある　　　　　　　　　日本中で
Every summer / there are fireworks festivals / all over
「〜中で」

そして，多くの人々が花火を楽しむ　　　　　　　　　夜の空で
Japan / and many people enjoy fireworks / in the night

それでは　　　　いつ，どのように　　　　最初に花火が作られたのだろうか
sky. / Then, / ①**when** and ①**how** / ②were fireworks first

だれも知らない　　　　それについて多くを　　　　しかし，
made? / No one knows / much about it. / But / many
「だれも〜ない」

多くの人々は　　　それらについて研究している　　　考える　　　花火は中国から来たと
people / studying about them / think / that fireworks
現在分詞(ing)「〜している」

　　　　　　　　　　　　　　　10世紀に　　　　　　　　中国の人々が作った
came from China / in the 10th century. / Chinese people
「10番目の」

たくさんの異なった種類の花火を
made / a lot of different kinds of fireworks / with many

多くの効果と色のある　　　　　　　花火は今なお，重要な部分である
effects and colors. / Fireworks are still an important

中国文化の　　　　　　　実際
part / of Chinese culture. / In fact, / China is the

中国は最も大きな生産国であり輸出国である　　　　世界で　　　今や
biggest maker and exporter / in the world. / Now /
bigの最上級「最も大きな」

花火は広がっている　　　　　　　世界中に　　　　多くの国では
fireworks have spread / all over the world. / In many
現在完了「have+過去分詞」

人々は楽しむことができる　　　すばらしい花火を
countries, / people can enjoy / wonderful fireworks /

夜の空に　　　　　　　国民の祝日に
in the night sky / on national holidays / and New
「国民の祝日」

そして大晦日に
Year's Eve. /

もう一度，左ページの英文を読んでみましょう。

重要点をつかもう

説明文を読むときは，「話題が何か」と「それがどのように説明されているか」を意識します。この英文の場合，話題は「花火」。花火についてどのような説明がされるのかを整理しよう。

話題を提示する文

この文の話題の説明の始まりとなる①whenそして①howを太字にしてあります。「いつ，どのようにの説明」を意識しましょう。

・疑問詞を使った疑問文
①Yes / No の答えを求めるのではなく，具体的な情報を求めるときに使います。疑問詞は文頭に置き，文末には'？'をつけます。文末はふつう，下降調で発音します。
When were fireworks made?「花火はいつ作られましたか。」
How were fireworks made?「花火はどのように作られましたか。」
疑問詞は，ほかに**who**「だれが」，**what**「何を，何が」，**which**「どちらが，どちらを」，**where**「どこで」，**why**「なぜ」があります。
・受け身の文
②「〜される」という意味を表すときは，「be動詞＋過去分詞」の形を用います。
Fireworks **were made** in China.「花火は中国で作られました。」

次の英文は，レイコ(**Reiko**)が，塩(**salt**)について英語の授業で行ったスピーチの一部です。これを読んで，あとの問いに答えなさい。

We use salt for cooking. We use it at the table when we eat food. We use it to preserve food. I usually buy salt at supermarkets. I use salt almost every day, but I didn't know much about it. So I studied about salt.

Salt is also used for many other things. Some parts of a phone, a computer and a TV are made with plastic. Salt is often used to make it. In some places, 5 salt is used on the street in winter. It melts snow and ice on the street. So, people can walk, or use a car, even in winter.

Salt has been important to our languages. "Salad" is a word from "sal" which means "salt." A long time ago, the Romans ate vegetables with salt. Later, people called them salad. Then the word salad became popular in the world. 10 The word "salary" was also a word from "sal." Salt was very precious, so the Romans were often given salt after work. After that, the money people got after their work was called salary.

We can enjoy our lives and cultures with salt. So, I think salt is very important to us.

〔青森〕15

🔷語句　preserve ～を保存する　　plastic プラスチック　　melt snow and ice 雪や氷をとかす
the Romans ローマ人　　vegetable 野菜　　salary 給料　　precious 貴重な　　money お金

(1) レイコのスピーチの内容と合っているものを，次の**ア**～**オ**の中から２つ選んで，（　　）の中に記号を書きなさい。　　　　　　　　（　　）（　　）

ア　レイコは，塩を使ったいろいろな料理を紹介したいと思っている。

イ　レイコは，自分の家で１日にどれくらいの量の塩が使われているか知っている。

ウ　プラスチックを作るために，しばしば塩が使われている。

エ　冬，通りの雪や氷をとかすために塩が使われている場所もある。

オ　"salary"という言葉は，ローマ人が使っていたお金の単位だった。

(2) レイコのスピーチの内容と合うように，次の①～③の質問に対する答えをそれぞれ_____に1つの英文で書きなさい。

① Where does Reiko usually buy salt?

----

② What did people call vegetables with salt?

----

③ Why does Reiko think salt is very important to us?

----

(3) 次の文章は，レイコのスピーチを聞いたあとで，同級生が書いた感想です。下線部ⓐ，ⓑをそれぞれ1つの英文にしなさい。

　　ⓐ私はあなたのスピーチを聞いてとても驚きました。ⓑそれには，私が知らなかったことがたくさんありました。I also think it is difficult for us to live without salt.

　ⓐ --

　ⓑ --

文法

頻度を表す副詞

　usually「たいてい」，often「しばしば」などは頻度を表しています。これらの副詞は，**一般動詞の前，be動詞・助動詞のあと**に置かれます。

I usually buy salt at supermarkets.

「私はたいていスーパーマーケットで塩を買います。」

Salt is often used to make it.

「塩はそれを作るためにしばしば使われます。」

　ほかに，always「いつも」，sometimes「ときどき」などがあります。

絶対重要表現

□ for doing「～するために」

□ almost every day「ほとんど毎日」

□ many other things「他の多くのもの」

□ a long time ago「ずいぶん前に」

□ after that「その後」

次の英文を読んで，あとの問いに答えなさい。

When you see an ant in your kitchen, think carefully before you kill it. Why? Scientists believe that ants may one day help us with solving some serious problems.

Ants live in large groups. They have very small brains and no leader. But as a group, they are organized, efficient, and very good at solving problems. For example, they are always able to find the fastest way to get to food, and thousands of them can travel to the same place without getting into a 5 traffic jam. How can they do this with such small brains?

The answer is simple. Any one ant doesn't need to know much. It just needs a few simple rules. When it follows those rules, it becomes one small part of a large group brain. This is called *swarm intelligence*.

We're going to look at an example of swarm intelligence, but first, here are the rules: 10

1. When an ant finds food, it doesn't eat it. It takes it back to the nest.

2. Ants give off a special smell when they find food.

3. Ants always follow that special smell.

Now, let's see what happens when a swarm of ants follows these three simple rules.

Several ants find some bread. They each take a little of the bread back to the nest. By chance, one 15 of the ants takes the shortest, fastest path and gets to the nest first. The other ants at the nest don't know that's the best path to the food.

ア　This path, the shortest, fastest path to a meal, now has the strongest smell.

イ　When they find it, they add their smell to the path.

ウ　But they don't need to know much about it. 20

エ　They follow the smell of that ant back to the bread.

It becomes the main path for all of the ants. Simple, efficient — and very intelligent.

Today, scientists are making simple robots that work in swarms, like ants. One day, they hope to use these robots to collect information in dangerous places. They also think that the cells in our bodies may use swarm intelligence. If so, the lessons we have learned from ants may one day help us 25 with fighting serious illnesses.

〔東京工業大学附属科学技術〕

語句　ant アリ（虫）　　solve 解く　　serious 重大な　　brain 脳　　organized 組織的な　　efficient 有能な　　thousands of ～ 多数の　　traffic jam 渋滞　　nest 巣　　by chance 偶然にも　　path 小道　　the other もう一方の　　intelligent 知性のある　　information 情報　　cell 細胞　　lesson 知恵　　illness 病気

(1) 本文の内容に合うように（　　　）内に入る最も適切なものをそれぞれ１つずつ選んで，（　　）の中に記号を書きなさい。

① Before we kill an ant, we have to remember that (　　　).

　ⓐ ants find the shortest and fastest way to food

　ⓑ ants are very good at solving our serious problems

　ⓒ ants may give us hints for solving our serious problems

　ⓓ ants are also living things just like any other living things

② What do many ants do to get to the same place without causing a traffic jam?
(　　).

　ⓐ They follow the smell of food

　ⓑ They follow some simple rules

　ⓒ They find food near their nest

　ⓓ They know much about ways to food

③ What do ants do when they find food?
(　　).

　ⓐ They produce a smell to tell where the food is

　ⓑ They tell the other ants a path they know well

　ⓒ The other ants find the shortest way to the food

　ⓓ They eat a little food and leave it for the other ants

④ Swarm intelligence is (　　　).

　ⓐ a rule to follow

　ⓑ a large group brain

　ⓒ a small but very good brain

　ⓓ a simple answer to our serious problems

(2) 本文中の**ア〜エ**の文を本文の流れに沿って正しい順に並べかえ，その順番を記号で（　　）の中に書きなさい。　　　　　　（　　　）→（　　　）→（　　　）→（　　　）

Step ③ 実力問題

【　　月　　日】

時間 25分

次の英文の意味が通るように，空所①から⑧に入れるのに最も適切なものを，ア〜クの中から選んで，（　　）の中に記号を書きなさい。ただし，同じものを2回以上用いてはいけません。

The Orinoco River in South America is one of the longest rivers in the world. 〔　①　〕 It then flows for about 1,300 miles to its delta on the Atlantic Ocean.

On its way south, the Orinoco flows through many different areas. It moves past ancient stone formations, over waterfalls, through rain forest areas, and across large plains.

There is a delta at the mouth of the river. There the river's water flows into the ocean. The area around the delta is full of streams and small waterways. 〔　②　〕 On one of these streams, the Caroni, is Angels Falls, the highest waterfall in the world.

〔　③　〕 The Orinoco Delta is also home to several Native South American cultures. The people have lived next to the river for thousands of years and they still live there today. 〔　④　〕 It means 'place to paddle'.

〔　⑤　〕 It is home to more than a thousand different types of birds. In the river itself, there are many types of fish — including the dangerous piranha! And on the land around the river, you'll find even more interesting animals ... like the Orinoco crocodile. 〔　⑥　〕 These animals can grow to more than 18 feet long! This makes the Orinoco crocodile one of the longest crocodiles in the world.

〔　⑦　〕 But on the open plains, you will more likely see a different animal — the world's biggest rodent, the capybara.

However, over the past fifty years, things have changed along the Orinoco River. Some of the cities have grown bigger. 〔　⑧　〕 The new industrial world is slowly coming to the Orinoco Delta. But what are industries doing to the beautiful river, its animals, and its people?

〔お茶の水女子大附属〕

🔵 語句　flow 流れる　　mile マイル（距離の単位。約1.6キロメートル）　　delta デルタ，三角州
the Atlantic Ocean 大西洋　　stone formation 岩石層　　plain 平原，平野　　stream 小川
waterway 水路　　paddle（舟を）こぐ　　including 〜 〜を含んで　　piranha ピラニア　　crocodile ワニ
feet ＜ foot フィート（長さの単位。約30センチメートル）　　likely 〜しそうである
rodent 齧歯類（ネズミ，リスなどの哺乳類）　　capybara カピバラ　　industry 産業，工業

ア　Actually, the name 'Orinoco' comes from a local language.

イ　However, there's more than just water in the delta.

ウ　In the rain forest, you may have a chance to see one of the area's beautiful jaguars.

エ　It starts in the mountains of Venezuela and Brazil.

オ　The rain forest around the Orinoco River has many kinds of plants and animals.

カ　These cities have also taken some of the land from animals and plants.

キ　These small rivers connect to the larger Orinoco.

ク　They may have a big smile, but be careful!

🟡語句　jaguar ジャガー　　connect to 〜 〜につながる，合流する

(① 　　) (② 　　) (③ 　　) (④ 　　)

(⑤ 　　) (⑥ 　　) (⑦ 　　) (⑧ 　　)

❶ ショウタ (**Shota**) と，ドイツ (**Germany**) からショウタの学校に来ているラルフ (**Ralf**) が話をしています。この対話文を読んで，⎡ (1) ⎤〜⎡ (4) ⎤に入る最も適当な英文を，それぞれあとのア〜エのうちから１つずつ選び，その記号を書きなさい。(20点, 各5点)

Shota : Let's go outside, Ralf. We have a lot of snow!

Ralf : ⎡　(1)　⎤

Shota : We'll have a snowball fight.

Ralf : Is it OK? Can we do that here?

Shota : Of course we can. Why do you ask that? I'm just talking about playing in the snow. 5

Ralf : In my school in Germany, students cannot have a snowball fight.

Shota : Really? ⎡　(2)　⎤

Ralf : It is dangerous.

Shota : I don't think it is so dangerous.

Ralf : Snowballs sometimes hurt people or damage things. 10

Shota : I don't think so.

Ralf : ⎡　(3)　⎤

Shota : Oh, I understand. It is very cold in Germany in winter, so there is always a lot of ice.

Ralf : That's right.

Shota : OK. ⎡　(4)　⎤ If you hold one, you'll know Japanese snowball fights are not dangerous. 15

Ralf : I see. Your snowballs usually don't have ice because it isn't so cold here, right?

Shota : Yes. Let's go outside! 〔千 葉〕

🟡 語句　outside 外へ　　snowball fight 雪合戦　　dangerous 危険な　　damage (物)に損害を与える

(1) ア　When do we go outside?　　　　イ　What are we going to do?

　　ウ　Where are we talking now?　　　エ　How much snow do we have?

(2) ア　What is the problem with it?　　イ　Why do you have a snowball fight?

　　ウ　What does your school want to do?　エ　Why are the students in the snow?

(3) ア　I don't think it is cold in Germany.　イ　We don't make snowballs in Germany.

　　ウ　Your snowball fights are exciting.　エ　Snowballs sometimes have ice in them.

(4) ア　I'll have snowball fights with other friends.

　　イ　You'll find someone to go skiing with.

　　ウ　I'll make you some snowballs.

　　エ　You'll stay in the classroom with other friends.

(1)	(2)	(3)	(4)

❷ 次の英文は **smartphone**（スマートフォン）の使用に関する，ある中学生の発表です。その発表を読み，各問いに答えなさい。（15点）

Today, a lot of students have smartphones. A study has shown that almost 1,960,000 junior high school students in Japan had their own smartphones in 2013. That is about 300,000 more students than <u>the number in 2012</u>.

Smartphones are very expensive but useful, so, many students want them. We can do many things with them; listen to music, watch movies, play games, take pictures, send messages, find 5 information on the Internet, and more.

However, we must use them in a good way. We see some adults using smartphones when they are eating, walking, riding bikes, and even talking with their friends. Some talk on smartphones even on buses, trains, or at restaurants.

As students, each of us has to think about when and how we should use smartphones and use it 10 with good manners. By doing so, we can become adults who can use smartphones in a good way.

〔沖 縄〕

● 語句　study 研究　　however しかしながら　　adult 大人　　manners マナー

(1) 下線部が表すものを**ア〜エ**のうちから１つ選び，その記号を書きなさい。（5点）

ア 300,000　　　　**イ** 1,660,000

ウ 1,960,000　　　**エ** 2,260,000

(2) 次の①，②に対する答えとして最も適切な英文を**ア〜エ**のうちから１つ選び，その記号を書きなさい。（各5点）

① Why do many students want to get smartphones?

　ア Because their friends have them.

　イ Because they are cheap.

　ウ Because they are useful.

　エ Because students can use them when they are eating.

② How can students become adults who use smartphones in a good way?

　ア Students have to buy smartphones.

　イ Students have to do many things with smartphones.

　ウ Students have to use smartphones at restaurants.

　エ Students have to think about the time and the way they should use smartphones.

(1)		(2)	①		②	

❸ 次は史上最年少でノーベル平和賞(**Nobel Peace Prize**)を受賞したマララ・ユスフザイ (**Malala Yousafzai**)さんについての話です。これを読んで(1)〜(7)の問いに答えなさい。(65点)

Malala Yousafzai was born in Pakistan in July, 1997. In her country, almost all the people believe in Islam. It says that a man and a woman have equal rights, but some groups are against this. They think girls should not go to school. However, Malala's father disagreed. Many women in Pakistan couldn't read. So he thought [   ].

In early 2009, one of (A)those groups closed many schools for girls. With weapons, the group also killed people who were against their ideas. But Malala liked studying at school. She wrote about her life against the group on the Internet. This was the beginning of her campaign for equal education. Soon she was known all over the world.

One day in October, 2012, the group tried to kill her because of her campaign. She was hurt and almost died.

The news went around the world. Many countries and the United Nations said, "Such a thing should never happen." It was difficult to take care of Malala in Pakistan, so she was taken to England. Later, her family went there too. After a few months, Malala left hospital and started a new life in England with her family.

On her sixteenth birthday in 2013, she was at the UN to give a speech. The UN decided to call that day "(B)Malala Day."

She said, "Malala Day is not my day. Today is the day of every woman, every boy and every girl who have raised their voice for their rights."

She said that nothing changed in her life after some people tried to kill her.

"I am the (   ) Malala," she said.

She continued, "My dreams are the (   )."

Finally, she said, "One child, one teacher, one book and one pen can change the world. Education is the only solution. (C)Education first."

In some parts of the world there are many children who cannot study at school because they are girls. Malala never stopped her campaign for equal education. The next April, in Africa, a group against equal education kidnapped more than 250 girls. Three months later, Malala stood up for those kidnapped girls. She said that the voices of these girls and their fathers and mothers were stronger than all the weapons in the world.

On October 10, 2014, Malala got the Nobel Peace Prize for her campaign in dangerous situations. She first heard the news from her teacher at school. Her teachers and classmates were happy. Of course, she was happy but she stayed until her last class.

On the same day, she said to reporters, "This is not the end of this campaign which I have started. I think this is really the beginning." 〔秋 田〕

🔑**語句** Pakistan パキスタン(南アジアの国)　believe in (宗教などを)信仰する　Islam イスラム教
equal 平等の　right 権利　weapon 武器　beginning 始まり　campaign キャンペーン，運動
education 教育　United Nations (UN) 国際連合　solution 解決策　kidnap 誘拐する

(1) [　　]にあてはまるものを，次の**ア〜エ**から１つ選んで記号を書きなさい。(5点)

　ア　Malala didn't have to read　　　　**イ**　Malala didn't need a school for girls

　ウ　Malala needed to change her idea　　**エ**　Malala needed to study at school like boys

(2) 下線部(A)those groups が考えている具体的な内容を，20字程度の日本語で書きなさい。(7点)

(3) 下線部(B)Malala Day を，マララさんはどのような日と考えているか，具体的に述べている内容を 30 字程度の日本語で書きなさい。(8点)

(4) (　　)には，同じ語が入ります。その英語１語を，本文中から抜き出して書きなさい。(7点)

(5) 下線部(C)Education のもつ可能性について，マララさんが具体的に述べている内容を，40字程度の日本語で書きなさい。(8点)

(6) 本文の内容に合うように，①〜④の(　　)にあてはまるものを，**ア〜エ**からそれぞれ１つずつ選んで記号を書きなさい。(各5点)

　① Malala became (　　) because she wrote about her life against the group on the Internet.

　　ア　famous　　**イ**　sick　　**ウ**　quiet　　**エ**　angry

　② Malala gave a speech at the UN in (　　).

　　ア　October, 2012　　**イ**　July, 2013　　**ウ**　October, 2014　　**エ**　December, 2014

　③ In (　　), Malala supported the kidnapped girls in Africa.

　　ア　April, 2013　　**イ**　July, 2013　　**ウ**　April, 2014　　**エ**　July, 2014

　④ (　　) first told the news of her Nobel Peace Prize to her.

　　ア　Malala's classmate in England　　**イ**　Malala's classmate in Pakistan

　　ウ　Malala's teacher in England　　**エ**　Malala's teacher in Pakistan

(7) 本文の内容と合っているものを，次の**ア〜カ**から２つ選んで記号を書きなさい。(各5点)

　ア　When Malala went to England to enter hospital, she was with her family.

　イ　In the world there are many girls who cannot go to school.

　ウ　Malala thought weapons were stronger than her campaign for equal education.

　エ　Malala's campaign put her in dangerous situations but she didn't change her idea.

　オ　When Malala heard the news about the Nobel Peace Prize, she left school soon because she wanted to share the news with her family.

　カ　Malala's Nobel Peace Prize means the end of her campaign for equal education.

(1)	(2)				
(3)					
(4)	(5)				
(6) ①	②	③	④	(7)	

1 次の英文は，家族とともに北海道からカナダに引っ越した陽子のことについて書かれたものです。これを読んで，問いに答えなさい。(36点)

　　Yoko and her family arrived in Canada on December 27, last year. On New Year's Eve, she had a wonderful dinner at their new home in Canada. Her father took some 　　①　　 of the family with his camera. All of them had fun but she missed her friends in Hokkaido.

　　Then on January 3, she went shopping 　　②　　 her family to buy some chocolates for her friends in Hokkaido. The next day she wrote letters to her friends and sent them with the presents. 5

　　A week later, Mika, one of her best friends, called Yoko. Mika said she got the letter and the present from Yoko. Mika also said that she missed Yoko very much. Yoko was very happy because she could 　　③　　 with Mika on the phone and found both of them had the same feeling. 〔北海道〕

🔖語句　New Year's Eve 大みそか　　miss ～がいなくてさびしく思う　　a week later 1週間後
　　　feeling 気持ち

(1) 本文の内容から考えて，　①　～　③　に入る適当な1語をそれぞれ書きなさい。(各7点)

(2) 本文の内容から考えて，次の問いに対する答えを，主語と動詞を含む英文1文で書きなさい。
(15点)

　　What did Mika receive from Yoko with the present?

	①	②	③
(1)			
(2)			

2 次の対話文は，高校生の **Yoshie** と，同じ高校に昨年から留学生として来ている **Tom** が話をしているときのものです。対話文を読んで，あとの各問いに答えなさい。(36点)

Yoshie : What are you reading, Tom?

Tom : I'm reading a letter from Paul.

Yoshie : Who is Paul?

Tom : He's a high school student who lives in London. He has been my good friend since I was five years old. 5

Yoshie : Do you want to see him?

Tom : Yes, I do. Actually, I'm going to see him soon.

Yoshie : (　①　)

Tom : Yes. He will visit Japan with his family for a week. I'll stay in Yamanashi with them for two

days because we want to see Mt. Fuji. Have you ever been to Yamanashi?　　　　　　10

Yoshie : Yes. Last year I went there with my family. I stayed at a hotel near Mt. Fuji.

Tom : What did you do in Yamanashi?

Yoshie : I rode a horse in a forest. I also enjoyed fishing in a lake.

Tom : I see. You had a good time there.

Yoshie : （　②　）　　　　　　　　　　　　　　　　　　　　　　　　　　　15

Tom : I don't know what to do there.

Yoshie : I have a guidebook. When I went to Yamanashi last year, it was useful. If you read it, you

can learn a lot about Yamanashi. Are you interested in reading the guidebook?

Tom : Yes, I am. But is it written in Japanese?

Yoshie : Yes, it is. If you don't understand Japanese, I'll help you. How about coming to my house　20

after school? I'll show the guidebook to you. You'll know about Yamanashi.

Tom : I hope so. I'll write a letter to Paul to tell him what his family can do in Yamanashi.

Yoshie : <u>That's a good idea.</u>　　　　　　　　　　　　　　　　　　　　〔三　重〕

🐟語句　horse 馬　　fishing つり　　guidebook ガイドブック

(1) （　①　），（　②　）に入る最も適当なものをそれぞれ**ア～エ**から1つずつ選び，その記号を
書きなさい。(各7点)

　①　**ア**　Really?　　**イ**　Take care.　　**ウ**　No, thank you.　　**エ**　How about you?

　②　**ア**　Do you remember what you did in Yamanashi?

　　　イ　How long have you stayed in Yamanashi?

　　　ウ　Did you have a good time in Yamanashi?

　　　エ　What are you going to do in Yamanashi?

(2) 下線部に That's a good idea. とありますが，Yoshie は，だれが何をすることを，よい考えだ
と言ったのか，その内容を具体的に日本語で書きなさい。(15点)

(3) 対話文の内容に合っているものを**ア～エ**から1つ選び，その記号を書きなさい。(7点)

　ア　When Paul came to Japan last year, he stayed at a hotel near Mt. Fuji.

　イ　Riding a horse was one of the things Yoshie did in Yamanashi.

　ウ　Yoshie wants to show a guidebook to Paul because he is interested in it.

　エ　Tom told Yoshie to come to his house after he talked about the guidebook.

(1)	①		②	(2)	
(3)					

3 アメリカに留学している **Yuka** が，ホームパーティーに関する発表を行いました。次は，その発表原稿の一部と発表に使用した **Graph**（グラフ）１，２です。(1)〜(3)に答えなさい。〔岡 山〕(28点)

Yuka の発表原稿の一部

American people like to invite their friends to their home and have a party, but that kind of party is not popular in Japan. Look at Graph 1. About eight thousand Japanese people were asked, "How often do you have a party at home?" ① % of them don't have a party at all. Only ② % of them have it once or more than once in a month.

When Japanese people have a party at home, they worry about a lot of things. Look at Graph 2. About half of them worry about cleaning before the party. Almost the same number of people worry about ③ .

Graph 1

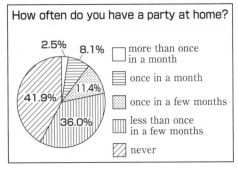

Graph 2

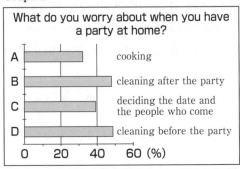

（キリン食生活文化研究所 Web ページから作成）

🗨 語句　invite 〜 to ...　〜を…に招く　　once 1 回　　less than 〜　〜より少ない　　decide 〜　〜を決める

(1) ① ， ② に入れるのに最も適当なのは，**ア〜オ**のうちではどれですか。それぞれ１つ答えなさい。（各7点）

ア 2.5　**イ** 8.1　**ウ** 10.6　**エ** 19.5　**オ** 41.9

(2) ③ に入れるのに最も適当なのは，Graph 2 の**A〜D**のうちではどれですか。１つ答えなさい。（7点）

(3) 次は，Yuka の発表後に，クラスメイトの Cathy が述べたホームパーティーに関する意見です。下線部について，参加者が持参するよう求められるものとして最も適当なのは，**ア〜エ**のうちではどれですか。１つ答えなさい。（7点）

Some Japanese people worry about cooking when they have a party at home. When we have a party at home, we sometimes ask our friends to bring something to eat for the party. It is called a potluck party. If you have a potluck party, you don't have to worry about cooking. So you'll have a party easily at home.

ア guitar　**イ** money　**ウ** card　**エ** food

(1)	①	②	(2)		(3)	

第1章　読解のテクニック

1　スラッシュリーディング

Step 1　解答	p.2

① ア　② ウ

解説

　この英文の要旨：「コンピュータのパスワードを他の人に知られると，情報を盗まれたり，あなたのお金で買い物をされたりする可能性もあるので，パスワードは単純にすべきでない。しかし，あなたにとっては覚えやすいものであることが必要である。」空所には，① simple　② remember が適切。①ア　simple「単純な」　イ　long「長い」　ウ　hard「厳しい」　エ　difficult「難しい」　②ア　share「分かち合う」　イ　send「送る」　ウ　remember「覚えている，思い出す」　エ　break「壊す」

🔔 誤りに気をつけよう

　語と語の間を細かく区切りすぎると，内容がつかみにくくなります。意味のまとまりのある語句は一気に読むほうがよいでしょう。たとえば，with your money は途中で区切りません。

《日本語訳》

　今日，多くの人は，コンピュータを使うときにパスワードを用います。もし他の人があなたのパスワードを知るなら，その人たちはあなたの情報を得たり，あなたのお金で何かを買ったりすることができます。だから，パスワードをあまりに簡単なものにすべきではありません。それらは他の人にとって推測するのに難しいことが必要です。AやB，Cのような大文字，aやb，cのような小文字，1や2，3のような数字，そして“！”や“＄”，“＆”ですら混ぜるべきです。しかし，パスワードはまた，あなたが覚えるのに簡単であることが必要です。もしパスワードを忘れると，あなたは困るでしょう。

Step 2-1　解答	p.4～p.5

(1) 子供たちに本を読むことと，病院で歌を歌うこと。
(2) tried as hard as I could　　(3) listening
(4) 他の人のために何かをしたいとき，もしとても一生懸命努力するなら，人々はその情熱に感動するだろうから，完璧である必要はない，ということ。

解説

(1) 1行目に The first one ～，5行目に The second job ～とある。それらの文を日本語にするとよい。
(2)「できる限り一生懸命努力しました」とする。
(3) people ～ songs が主部。「私たちの歌を聞いている人々」という意味になるようにする。
(4) 第三段落の第1文に「これらの経験から，とても大切なことを学びました」とある。具体的な内容が次の文に書かれているので，それを日本語にするとよい。

🔔 誤りに気をつけよう

　主語と動詞の間は，ふつうポーズを置かないで読みますが，主部が長いときは，動詞の前にポーズを置くとよいでしょう。

例
○主語が1語のとき：
　She went to Tokyo / to join the next contest.
○主部が長いとき：
　People listening to our songs / looked happy.

《日本語訳》

　私はこの夏，友達と一緒に2つのボランティア活動をしました。最初のものは，子供たちに本を読むことでした。その活動の前に毎日，一生懸命練習をしました。その日，いくつか間違えましたが，できる限り一生懸命努力しました。子供たちが満面の笑みを浮かべながら楽しんでくれたことがうれしかったです。

　二つ目の活動は，病院で歌を歌うことでした。病院の中の大きな部屋で，私たちは歌い始めました。私た

ひっぱると、はずして使えます。

ちの声は，学校のコーラス部の声ほど美しくはないと思いました。しかし，私たちの歌を聞いている人たちはとても楽しそうに見えました。何人かは泣いていました。一人のお年寄りの女性が，「あなたたちが私たちのためにとても一生懸命に歌おうとしてくれたので，泣いてしまいました」と言いました。そのことに私は心から感動しました。

これらの経験から，私はとても大切なことを学びました。他の人のために何かをしたいときは，完全である必要はありません。とても一生懸命努力すれば，人々はその情熱に感動してくれるからです。これらの経験はいつまでも私の心の中に残ることでしょう。

Step 2-2　解答	p.6～p.7

(1) C　　(2) better　　(3) イ
(4) bought two (T-shirts)

【解説】

(1) But Yumi wanted to buy one more T-shirt. は「しかし，由美はTシャツをもう１枚買いたいと思いました」という意味。「しかし」があるので，その文の前には，反対の内容の文があるはず。空所のあとに，内容的につながりのある文がないか読み直してみると，空所Cの前に「順子はそれ（Tシャツ１枚）を買いたいと思いました。」とあり，そのあとに，由美が「両親に同じ色のTシャツを着てほしい」と言った，とあるので，Cに入れるのが適切。
(2) than の前にある形容詞や副詞は比較級にする。
(3) 関係代名詞が入る。先行詞の the man は（人）なので who が適切。「だから，彼女たちはそこで働いている男の人にたずねた」という意味になる。
(4) 最後の段落に，「彼女たちはお父さんとお母さんにTシャツをあげた」とあるので，２枚買ったことがわかる。

```
🐱 誤りに気をつけよう

　They thought the blue T-shirt / was better
than the white one. のように区切ると意味がつ
かめません。この文は thought の後に接続詞の
that が省略されていると考えます。〈主語＋think
（＋ that）〜〉の文では that の前で区切ります。
```

《日本語訳》
　順子と妹の由美はお父さんの誕生日プレゼントを買いに買い物に行きました。

　二人は店でTシャツを探していました。彼女たちは白いTシャツを見つけ，すてきだと思いました。その後，由美はすてきな青いTシャツを見つけました。二人は，青いTシャツのほうが白いのよりよいと思いました。しかし，青いTシャツはお父さんには小さすぎるように見えました。それで，そこで働いている男の人に「同じ色の大きいのはありますか」とたずねました。彼は「はい」と言って，大きいのを見せてくれました。順子はそれを買いたいと思いました。しかし，由美はTシャツをもう１枚買いたいと思いました。順子は「どうして」とたずねました。由美は，「お父さんとお母さんの両方に同じ色のTシャツを着てほしいの」と言いました。順子は，それはいい考えだと思いました。それで，由美に「彼らの両方にそれらのTシャツを買いましょう」と言いました。

　順子と由美は帰ったあと，お父さんとお母さんにTシャツをあげました。両親がそのプレゼントを気に入ってくれたので，順子と由美はとてもうれしく思いました。

Step 3　解答	p.8～p.9

(1) (A) grown　　(B) living
(2) (So) these kinds of movements can give consumers a chance for getting better (products.)
(3) without　　(4) ア eat　イ have [need]　　(5) ア

【解説】

(1) A 前の文は農業について述べているので，それに関係のある語を選ぶ。直前に have があるので，grown にして，現在完了形にする。「私たちは長い間，米や果物，野菜のような多くの種類のものを栽培しています」という意味になる。
　B 空所の前後の語句から判断すると live が適切。現在分詞の living にして，後ろから前の farmers を修飾する形にする。「人々は地元に住んでいる農家にお金を出し，その農家から果物や野菜を得るのです」という意味になる。
(2) 語句の並べ替えの問題では，（助）動詞と主語をまず決めるとよい。助動詞は can。あとには動詞の原形が続く。動詞は give で，「（人）に（もの）を与える」という意味。（人）に当たる語は consumers，（もの）に当たる語は a chance for getting better 〜。主語

は these kinds of movements。「これらの種類の運動は，消費者によりよい作物を得る機会を与えることができるのです」という意味になる。

(3) 前の文に，「農薬は果物や野菜を害虫から守るために使われます。しかし，農薬を使いすぎることは時に，人々にとって害があります」とある。また後の文に，「農薬の代わりに，ある種類の昆虫を使います」とある。前後関係から「〜なしに」の意味の without が適切。

(4) A の質問は「なぜ農家の中にはテントウムシを使う人がいるのですか」という意味。最後から２番目の段落に「テントウムシはアブラムシを食べることが好きなのです。それで，農家はテントウムシが多くのアブラムシを食べることを望んでいるのです。結果として，農家は農薬を何も使いません」とある。したがって，B は「なぜならテントウムシはアブラムシを食べる(eat)からです。結果として，農家は農薬を使う必要がない(don't have[need] to 〜)のです」という文になる。

(5) ア の「今日，ますます多くの人が果物や野菜を生産する方法に関心を持っている」は，第二段落の「今日，ますます多くの人々が農業について考えている」と内容的に一致している。イ は「地産地消と CSA は消費者にとってはよいが，自然と農家にとっては悪い」という意味である。前半は本文に記述があるが，後半は記述がないので，不一致。ウ は「果物と野菜は，農場から店まで長い時間運ばれたあとは，味がよい」という意味である。第五段落に「短い時間で輸送されるのでおいしい」とあるので，不一致。エ は「私たちの食べ物に注意深くなるために，ますます多くの農薬を使用すべきである」という意味である。そのような記述は本文にないので不一致。

```
🏯 誤りに気をつけよう

　関係代名詞が用いられている文を読むときは，その前で切ってもよいですが，目的格の関係代名詞が省略されているときは，切らないで一気に読みます。
例
○関係代名詞がある場合：This is the bicycle /
which my uncle gave me.
○関係代名詞が省略されている場合：This is the
bicycle my uncle gave me.（my の前では切らない）
```

《日本語訳》
　農業はとても重要です。私たちは長い間，米や果物，野菜のような多くの種類のものを栽培しています。農業によって多くの食料が生産されます。それで，私たちは毎日食べ物を食べることができるのです。農業は多くの点で私たちの生活に必要です。

　日本では，今日，ますます多くの人々が農業について考えるようになっています。その理由の一つは食べ物の安全性です。ある人々は，「このニンジンは地元産ですか」とか「このキャベツは農薬を使って生産されているのですか」とたずねます。

　ある人々は自宅の近くで生産された果物や野菜を買うことを好みます。それは，日本語で「地産地消」と呼ばれます。これは，「生産している地域で農産物を消費すること」を意味します。

　アメリカ合衆国には，Community Supported Agriculture（CSA：地域社会支援農業）と呼ばれる運動があります。人々は地元に住んでいる農家にお金を出し，その農家から果物や野菜を得るのです。言いかえれば，消費者が自分たちの地域社会の農家を支援するのです。

　地産地消や CSA には人々にとってよい点があります。第一に，消費者は，果物や野菜がどの農場で作られたかがわかります。第二に，果物や野菜は農場から店に短時間で運ばれるので，新鮮でおいしいです。そのうえ，消費者は農薬を使わない農家を選ぶことができます。したがって，これらの種類の運動は，消費者によりよい作物を得る機会を与えることができるのです。

　農家もまた，食べ物の安全性について注意を払います。農薬は果物や野菜を害虫から守るために使われます。しかし，農薬を使いすぎることは時に，人々にとって害があります。だから，農家の中には農薬を使わずに果物や野菜を生産しようとするものもいます。彼らは農薬の代わりに，ある種類の昆虫を使います。

　アブラムシは野菜にとっては害虫です。もし農家が何もしなければ，多くの野菜はアブラムシに食べられるでしょう。だから，ある農家はテントウムシを使います。テントウムシはアブラムシを食べることが好きなのです。それで，農家はテントウムシが多くのアブラムシを食べることを望んでいるのです。結果として，農家は農薬を何も使いません。

　農業によって，私たちは自然から多くの食べ物を得ることができます。だから，農業は私たちの生活にとって必要なのです。私たちの未来を考えるとき，生

活をより良くするために食べ物についてもっと気を使うべきです。

2　主語・動詞をつかむ

1

解説

　質問の意味は「さゆりとエミリーは遊ぶときどのようにしてお互いに理解しあったのですか」である。終わりから2つめに「身ぶりや絵を用いながら，やさしい英語の単語ややさしい日本語の単語を使いました」とある。1は「二人は英語と日本語，身ぶり，絵を使いました」。2は「エミリーは日本語を上手に話すことができたので，二人は日本語を使いました」。3は「二人は，エミリーの父が持っていた辞書とコンピュータを使いました」。4は「さゆりは英語を上手に話すことができたので，二人は英語を使いました」である。一致するのは1のみ。

誤りに気をつけよう

　日本語では主語のない文が多いです。その影響で「上手に英語を話しますね」と言おうとして，Speak English very well. とすると，「上手に英語を話しなさい」という意味の命令文になってしまいます。英語では，通常，動詞には主語が必要なことを覚えておきましょう。

《日本語訳》

　さゆりが幼い女の子だったとき，アメリカ人の友だちがいました。名前はエミリーでした。彼女はさゆりの家の近くに住んでいました。彼女らはとても仲の良い友だちで，よく一緒に遊びました。遊んでいると，ときどきコミュニケーションをとることが難しいことがありました。さゆりは英語を上手に話せなかったし，エミリーは日本語を上手に話せなかったからです。しかし，二人はいつもお互いを理解しようとしました。身ぶりや絵を用いながら，やさしい英語の単語ややさしい日本語の単語を使いました。ついにお互いを理解したときは，本当にうれしく感じました。

| Step 2-1　解答 | p.12～p.13 |

(1) stayed[were]，three days

(2) were enjoying，beach　　(3) students made，plan，clean　　(4) give，special hats to

解説

(1) 「生徒はグアムにどれだけの期間，滞在しましたか」という質問。第一段落の第2文に「3日間だけ滞在した」とある。

(2) 「支配人が海岸にいる生徒たちを見たとき，なぜ，驚いたのですか」という質問。第二段落の第3文に「活動を楽しんでいた」，第4文に「そのことが私を驚かせた」とある。

(3) 「支配人は先生から何を聞きましたか」という質問。第三段落に，先生が支配人に「生徒がした（掃除をする計画を立てた）」と言ったとある。

(4) 「来年，生徒たちがグアムにやってきたら，支配人は何をしますか」という質問。第四段落の終わりから2つめに，「皆さん方に特別な帽子を差し上げます」とある。I will give you the special hats. は〈主語＋ give ＋（人）＋（もの）〉の形になっている。（人）と（もの）を入れ替えると〈主語＋ give ＋（もの）＋ to ＋（人）〉の形になる。

誤りに気をつけよう

　you には「あなた」（単数）と「あなた方」（複数）という意味があります。どちらに訳すかはあとの語句で判断します。

例

Are **you** a high school student?

「あなたは高校生ですか」

Are **you** high school student**s**?

「あなた方は高校生ですか」

《日本語訳》

2013年9月5日

生徒の皆さまへ

　6月には私たちのホテルに宿泊していただいて，ほんとうにありがとうございました。皆さま方はわずか3日間のグアムでの滞在でしたが，修学旅行の間，楽しい時を過ごされたことと思います。

　最終日には，ホテルの近くのビーチを清掃してくれましたね。最初，皆さま方はそれをしたくはなかったのではないかと思いました。しかし，ビーチにいる皆さま方を見たとき，皆さま方はその活動を楽しんでいました。そのことに驚きました。

　「清掃するという計画をどなたが立てられたのです

か」と，私は先生方のうちのお一人にたずねました。「生徒たちが立てたのですよ」と，その先生は答えました。あとで，何人かの生徒の皆さまが日本の学校について話してくれましたね。皆さま方は毎日，自分の学校を清掃するのですね。ときどき，町も清掃するのですね。

ビーチをきれいにしていただいて，本当にありがとうございました。とても感動しました。私たちは今，毎月ビーチを清掃しています。そして，清掃の間は，特別な帽子をかぶっています。もし来年，来られるようでしたら，その特別な帽子を皆さま方に差し上げます。またお会いしたいと思います。

ご多幸をお祈り申し上げます。

スティーブ・ブラウン
支配人

Step 2-2　解答　p.14〜p.15

(1) visit　　(2) エ

解説

(1) 工藤先生の2番目の発言で，「来週，いつでも職員室の私を訪ねておいで」と言っている。それに対して，ポールが「伺います」と返事した。佳代子が言った「私も」は，「私も工藤先生を訪ねたい」という意味。

(2) 義男は，直前にポールが言った「ゆっくりした生活は，新しいことを試す機会を与えてくれる」という意見に対して，「そのとおりだ」と言っている。

ア　私たちは工藤先生を迎える機会を得ることができるでしょう

イ　私たちは星を見る機会を得ることができるでしょう

ウ　携帯電話は私たちにゆったりした生活を試す機会を与えてくれます

エ　ゆったりした生活は私たちに何か新しいことを試す機会を与えてくれます

したがって，直前のポールの発言と同様の内容を表すのはエである。

🚨 誤りに気をつけよう

I'll visit him next week.（私は来週，彼を訪ねます）に対して，「私も来週，彼を訪ねます」は I'll visit him next week, too. ですが，短く言う場合は，Me, too. です。通常は I, too.（×）にならないので気をつけましょう。

《日本語訳》

佳代子，のりか，義男，そしてポールは高校生です。工藤先生は彼らの科学の先生です。彼らの学級は山でキャンプをしています。夕食後，話をしています。

工藤先生：天の川には2000億以上の星があるらしいよ。

ポール：おもしろいですね。星のことを勉強したいと思います，工藤先生。

工藤先生：いいね，ポール。来週，いつでも職員室の私を訪ねておいで。

ポール：ありがとうございます，工藤先生。伺います。

佳代子：私も，工藤先生。

工藤先生：いいよ，佳代子。みんな歓迎するよ。

義男：夜に，外で話をすることはおもしろいね。このように空を見上げる時間は，普通はないからね。

のりか：そうね。星を見ることがこんなにおもしろいと思わなかったわ。

佳代子：テレビなし，携帯電話なし，コンビニエンスストアなしね。

ポール：ときどき，ゆっくりした生活が必要だね。何か新しいことを試す機会を与えてくれるよ。

義男：そのとおりだと思うよ。

全員：ここにいられてとても幸せだね。

Step 3　解答　p.16〜p.17

(1) エ　　(2)（例）shall we jog　　(3) saw
(4) イ，オ　　(5)（例）try something

解説

(1) 次の文で祖父は「健康のために，毎日，ジョギングをしている」と答えているので，一郎はエの質問をしていることになる。

ア　友だちは何人いますか

イ　私の家をいつ訪問しましたか

ウ　どこでジョギングをするつもりですか

エ　健康でいるために，何をしていますか

(2) 下線部の文末に together「一緒に」があるので，「一緒に〜しませんか」という表現を考えるとよい。それには，Shall we 〜? や Why don't you 〜? がある。Let's 〜. も同じような意味だが，文末に ? がついているので，不可。

(3) 空所の前後から，「私は彼らの笑顔を〜するとき」という意味になることがわかる。hear「聞く」，send「送る」，tell「話す」，see「見る」のうち最も適切なのは，see である。なお，この文は過去なので，saw に変える。

(4) **ア** 「一郎は滞在中の最初の日に病気になった」という意味だが，元気だったので，不一致。

イ 「一郎の祖父は友だちとジョギングをするときおもしろい」。第五段落第2文の「毎日友だちと一緒にしているので楽しい」という祖父の発言と一致する。

ウ 「一郎が祖父に頼んだので，一緒にジョギングをした」という意味だが，空所②を含む文に，「一緒にジョギングしないか」と祖父が誘っているので，不一致。

エ 「一郎はジョギングの間に，走るのをやめた」という意味だが，最後から6つ目の文以降に，「ペースを落とした…。30分後に祖父の家に戻った」とあり，走るのをやめたという記述はないので，不一致。

オ 「夏休み中一郎は初めて30分間，走る経験をした」という意味。最後から3つ目の文は「初めて30分間，走ったのでうれしかった」ということなので，一致する。

(5) ジョーンズ先生が「太鼓を始めて，音楽祭でうまく演奏できたときは楽しかった」と自分の体験を書いている。どのようなときに楽しくなるのかを考えて英語を書くとよい。「何か新しいこと(something new)をするとき，楽しくなる」という文にする。

⚠ 誤りに気をつけよう

日本語では，「私は昨日，健に会いました」，「私は健に昨日，会いました」，「健に，私は昨日，会いました」のどれでも，意味はあまり変わりません。しかし，英語に直すとき，日本語につられて，I yesterday Ken met. や I Ken yesterday met. や Ken I yesterday met. などとすると，全く意味をなしません。英語では，I met Ken yesterday. のように[主語＋動詞＋目的語]の語順が決まっているのです。

《日本語訳》

　夏休みのある日，僕は70歳になる祖父を訪ねました。そして彼の家に3日間，滞在しました。祖父はとても活発で健康です。だから，年の割に若く見えます。

　僕は「おじいちゃん，健康でいるために何をしているの」とたずねました。

　祖父は言いました。「健康のために毎日，ジョギングをしているのだよ。10年前にジョギングを始めて

以来，病気になったことがないよ」

　「おじいちゃん，毎日走るのはきつい？」と僕はたずねました。

　「最初，難しいと思った。しかし，今は私にとってはおもしろいよ。毎朝，何人かの友だちと一緒にするからね。ジョギングは生活の一部だよ」と祖父は答えました。

　翌朝，僕が眠っていたとき，庭から大きな声が聞こえました。「一郎，起きなさい！」窓を開けると，祖父と祖父の友だちがいました。

　祖父が言いました。「一郎，一緒にジョギングをしないか」

　僕はもっと眠りたかったのですが，祖父たちの笑顔を見たとき，一緒にジョギングをするのは悪い考えではないと思いました。

　「ええと…，はい」と僕は言いました。

　「いいぞ，一郎！」と祖父たちは大きな声で言いました。

　ジョギングを始めたとき，心地よく感じました。風が涼しく，太陽が輝いていたし，木々の中で鳴いている鳥の声が聞こえたからです。ところが，10分後，僕は少し疲れて走るのをやめたくなりました。

　そのとき，祖父が僕を見て，言いました。「一郎，ペースを落としたら，まだジョギングを楽しむことができるよ」僕は安心しました。ペースを落とすと，祖父と祖父の友だちもさらにゆっくりと走りました。

　30分後，祖父の家に戻りました。祖父は僕に「一郎，がんばったね」と言いました。30分間走るのは初めてのことだったのでうれしかったです。

　その日以来，毎日ジョギングを楽しんでいます。それは僕の大好きなことの一つになりました。

　この経験を通して，新しいことをやってみることの喜びを学びました。

3　時間の流れを押さえる

Step 1　解答	p.18
エ	

解説

第二段落の和訳を参照。

ア 「(イカロスは，)核燃料を使う宇宙船の良い例である」という意味。イカロスは核燃料を使っているとは書かれていないので，不一致。

イ「(イカロスは,)地球上の海を帆走することができる」という意味。第二段落第４文にイカロスは金星に向かって帆走を始めた，と書いてあるので，不一致。

ウ「(イカロスは,)イオンと呼ばれる特殊な原子を生産するエネルギーを使う」という意味。イカロスはイオンを生産するエンジンを持っているとは書かれていないので，不一致。

エ「(イカロスは,)金星に向かって帆走をした」という意味。第二段落の最後の文に「金星に向かって帆走を始めた」とある。この部分が内容に一致する。

🚨 誤りに気をつけよう

この英文には年号が２回出てきます。第一段落には，「カリフォルニアの会社が 2016 年に宇宙に最初のパネルを置く計画を立てている」。第二段落には，「2010 年には，日本の宇宙船が帆走を始めた」があります。**年代順に話が進められていると思い込まないように，気をつけましょう。**

《日本語訳》

大量の太陽エネルギーが地球に到達する前に，ガスと雲がそれをさえぎります。しかし宇宙では，これはソーラーパネルにとって問題ではありません。もしそれらがその惑星の周りを回るならば，それらは太陽とともにとどまることができ，１日に 24 時間活動することができます。カリフォルニアのある会社は，2016 年に最初のパネルを宇宙に置く計画を立てています。それらは 25 万世帯に十分な電気を生産するでしょう。

我々は他の惑星に宇宙船を送るときは，しばしば，それらに電力を供給するために特異な方法を発見しなければなりません。あるものは，それらを前方に押し進めるイオンと呼ばれる特殊な原子を生産するエンジンを持っています。またあるものは核燃料を使います。2010 年には，イカロスと呼ばれる日本の宇宙船が金星に向かって「帆走」し始めました。

Step 2-1 解答	p.20～p.21
(1) **エ**　　(2) ① visit　② friendly　③ welcome ④ understand　⑤ true	

解説

(1) 入れる英文の意味は「私は，私たち自身の文化を理解し，それを彼らに紹介することはもっと大切だと思います」。「もっと大切だ(more important)」が使われているので，空所の前部に「大切だ」という語があると考えられる。また，「彼らに(them)」がある。「彼らに」とは誰のことを指すのかを探しながら読むとよい。（　**エ**　）の前は，「外国語を学ぶことはとても大切です。しかし，それで十分だと思いますか」なので，（　**エ**　）に入れると文がうまく流れる。

(2) まとめになっている英文の意味は，「今日，多くの外国人観光客は，沖縄の人々が親切であり，彼らに（　②　）なので，沖縄を（　①　）。彼らを（　③　）するために，私たちはお互いに（　④　）しなければなりません。それが（　⑤　）なおもてなしの心です」である。第一段落には，「外国人が沖縄を訪れる」とあるので，（　①　）には visit が入る。第三段落に「沖縄の人々は親切で，人なつっこい」とあるので，（　②　）には friendly が入る。最後に「お互いを理解することが，世界からの人々を迎えるもっともすばらしい方法です。それが本当のおもてなしの心です」と述べているので，（　③　）には welcome,（　④　）には understand,（　⑤　）には true が入る。

🚨 誤りに気をつけよう

「今」を基準にして「～前」と言うときに，過去形の文で **ago** を用いますが，現在完了の文では用いられないので，気をつけましょう。**現在完了の文で用いられるのは，before** です。

《日本語訳》

皆さんは今まで，沖縄で外国人観光客を見たことがありますか。今日，外国からますます多くの人が沖縄を訪れます。2009 年には 230,300 人の外国人が沖縄を訪れました。2012 年には，376,700 人の外国人観光客を迎えました。

どうしてこんなに多くの人がこの小さな島に来たいと思うのでしょうか。ここ沖縄では，美しく青い空とエメラルドグリーン色の海を楽しむことができます。多くの場所で買い物をすることはとても楽しいです。しかし，最もすばらしい理由は沖縄の人々のおもてなしの心だと私は思います。

沖縄のおもてなしの心について考えましょう。多くの人は，沖縄の人は親切で人なつっこいと言います。私たちは外国人観光客と話をするのがとても好きです。

だから，外国語を学ぶことはとても大切です。しかし，それで十分だと思いますか。私は，自分たちの文化を理解し，それを外国人観光客に紹介することがもっと大切だと思います。それに，外国の人たちも私たちに自分たちの文化を紹介してくれるでしょう。そうしてお互いを理解することができます。お互いを理解することが世界からの人々を迎えるもっともすばらしい方法であり，それが本当のおもてなしの心である，と私は信じます。ありがとうございました。

Step 2-2 解答　　　　　　　　p.22～p.23

(1) ① ア　　② ウ　　③ ウ　　④ エ　　⑤ ア
(2) often traveled more than 100 km　　(3) エ

解説

(1) ① 前の2文に，「ウィルマはオリンピックの陸上競技のスターで，3つの金メダルを獲得した」とあるので，「人々は彼女を『世界でいちばん速い女性』と呼んだ(called)」が適切。
　② 前の「ポリオを患った」，あとの「医者は，彼女は再び歩けないだろうと言った」から判断して，「彼女は左脚の機能を失った(lost)」とするのがよい。
　③ あとに「ウィルマと母は，100km以上も離れた医者のところまで行った」「兄弟姉妹は毎日，脚をマッサージした」「脚のために特別な運動の手助けをした」と書かれている。それらから判断して，「彼女を助けるために，できる限りのこと(as much as they could)」をした」とする。
　④ あとに「バスケットボールをしたりランニングをしたりし始めた」とあるので，「彼女は再び，歩くことができた(was able to)」と推測できる。
　⑤ 「彼女の話は多くの人々に，困難な状況でも一生懸命努力する勇気を与えた」という意味にする。work(努力する)が前の the courage を修飾する形容詞的用法の不定詞(to work)を選ぶ。
(2) 「しばしば100km以上も移動した」という内容の文にする。
(3) ア　1～2行目に「3つの金メダルを獲得した」とあるので不一致。
　イ　3行目に「スポーツができなかった」とあるので不一致。
　ウ　8行目に「兄弟姉妹」とあるので不一致。
　エ　13～14行目に「先生になった」とあるので一致する。

🏛 誤りに気をつけよう

He was a high school student then. の then は「そのとき」という意味ですが，He read a book and then took a bath. の then は「そのとき」ではありません。「それから」という意味で，前の文に続くことを表しています。この場合，and then になることが多いです。一つの単語にもいろいろな使い方があるので，気をつけましょう。

《日本語訳》
　ウィルマ・ルドルフは1960年のオリンピック陸上競技のスターでした。彼女は3つの金メダルを獲得しました。人々は彼女を「世界でいちばん速い女性」と呼びました。
　しかし，ウィルマ・ルドルフは幼い子どものころ，スポーツができませんでした。彼女は体が弱く，病気がちでした。そしてポリオを患いました。左脚が使えなくなりました。医者は，二度と歩けないでしょう，と言いました。
　ウィルマの家族はたいへんな大家族で，とても貧しかったけれども，彼女を助けるためにできる限りのことをしました。ウィルマと母は，彼女の脚を診てもらうためにしばしば病院まで100km以上も移動しました。兄弟姉妹は毎日，脚をマッサージしました。また，彼女が脚の特別な運動をするときにも手助けしました。9歳のころまでには，ウィルマは再び歩くことができました。やがて，バスケットボールやランニングを始めました。高校では，陸上競技のスターでした。それからオリンピックに行きました。
　彼女は走り続けました。のちに，22歳になったとき，教師兼陸上競技のコーチになりました。彼女の話は多くの人々に，困難な状況でも一生懸命努力する勇気を与えました。

Step 3 解答　　　　　　　　p.24～p.25

(1) ウ
(2) the development of electric trains　　(3) イ
(4) (あ)enough money　　(い)enough experience
(5) (the perfect train) meant a train which would not cause any accidents
(6) (A)ア　(B)イ　　(7) ア，カ

解説

(1) ア「～をこえて」 イ「～の」 ウ「～として」
エ「～の間に」のうち，適切なのは「～として」。

(2) 直前の文で，秀雄が the development of electric trains（電車開発部）に異動したとある。it はそれを指す。

(3) 第四段落の第3文（Hideo was asked to come back to build a fast, long-distance train the *Shinkansen* by Mr. Sogo.）以降に，秀雄の人生を変えたいきさつが書かれている。

(4) 下線部④の「新幹線を建設することは秀雄にとって容易ではなかった」理由は第五段落の第2文と第3文に書かれている。「十分なお金がなかったこと」と「十分な経験を持った人がいなかったこと」である。それを参考にして，空所**あ**と**い**に入れる。

(5) the perfect train（完全な列車）が主語だと考えて，英文を作る。次に動詞が続くので，（　　　）内の動詞を探す。which は関係代名詞なので，先行詞は a train である。(the perfect train) meant a train which would not cause any accidents「（完全な列車）とはいかなる事故をも起こさない列車を意味した」となる。

(6) 下線部⑥の意味は，「『　A　』と言うことは，『　B　』と言うことより簡単だ。『　B　』と言うためには，あらゆる方法でそれを行うには難しすぎるということを証明しなければならない。『　A　』と言うためには，多くの方法のうち，一つの正しい方法を証明しなければならないだけである」である。上記の下線部より，B に入るのは，I can't do it だということがわかる。

(7) ア「島秀雄は現在，有名な列車，新幹線の父と呼ばれている」
第一段落に，「彼は新幹線の父と呼ばれている」とあるので，一致する。
イ「秀雄は大阪に生まれた。そして，大学で機械工学を勉強するために東京に移った」
第二段落に，「父の仕事の関係で移った」とあるので，不一致。
ウ「今や，秀雄が鉄道省で建設した蒸気機関車のことについては誰も知らない」
第三段落の第3文に，「今日でも記憶されている」とあるので，不一致。

エ「秀雄の電車は多くの列車火災事故を起こした。そのために，彼は日本国有鉄道を去った」
第三段落に，「大きな列車の火災事故が1951年に起きました」とある。「多くの事故」ではないので，不一致。
オ「十河氏が速い電車を建設し始めたとき，多くの人たちは，それはよい考えだと思った」
第四段落に，「十河氏の計画は非常に奇妙であると，多くの人は考えた」とあるので，不一致。
カ「東京オリンピックの年である1964年に，新幹線は日本で初めて走り始めた」
第五段落に，「1964年10月1日，最初の新幹線が走行を開始した」とあるので，一致している。

🏠 誤りに気をつけよう

　長い英文を書くとき，まとまりの内容ごとに段落に分けるべきです。一本調子でだらだらとした文章は，読んでも内容を把握しにくいものです。段落の順序を考えながら書きましょう。

《日本語訳》

　新幹線の歴史を考えるとき，重要な鉄道技師を忘れるべきではありません。彼の名前は島秀雄です。彼は日本の超特急を作りました。彼は新幹線の父と呼ばれています。

　島秀雄は1901年に大阪で生まれました。まもなく，父の仕事の関係で東京に移りました。彼の父は立派な鉄道技師でした。秀雄は父を尊敬していました。そして父のようになりたいと思いました。秀雄は必死に勉強しました。そして，機械工学を勉強するために，1921年に大学に入学しました。大学を卒業してからは鉄道省で鉄道技師として働き始めました。

　秀雄は蒸気機関車の開発の仕事をしました。たくさんのすばらしい蒸気機関車を作りました。そのいくつかは現在でも記憶されています。その後，電車開発部に移りました。それを始めたとき，日本の電車は乗った人にとってはとても心地よくないものでした。彼はもっとよい電車を作ろうと一生懸命，努力しました。事態はよくなっていましたが，大きな列車の火災事故が1951年に起こりました。その事故で100人以上の人が亡くなりました。その当時，それは日本の列車事故の歴史上，最も悲惨な事故の一つでした。その事故のために，彼は日本国有鉄道を去って，別の会社で働き始めました。

1955年に，一人の人が秀雄の人生を変えました。彼の名前は十河信二で，日本国有鉄道の総裁でした。秀雄は十河氏に，速い長距離列車，新幹線を建設しに戻ってくるように求められました。それを建設することは十河氏の大きな夢でした。その当時，鉄道産業は自動車と飛行機の発達のために衰退しつつありました。十河氏の計画は非常に奇妙であると，多くの人は考えました。実際，彼の計画には多くの問題がありました。しかし，彼は断念したくありませんでした。十河氏は，秀雄の技術が彼の計画には必要であると思いました。十河氏は，秀雄に計画のチームリーダーになってほしいと思いました。それで，秀雄に日本国有鉄道に戻るように誘いました。

新幹線を建設することは秀雄にとって簡単なことではありませんでした。その計画には十分な資金は与えられませんでした。また，そのチームの誰も高速の長距離電車を建設するのに十分な経験を持ち合わせていませんでした。しかし，彼は決してあきらめませんでした。彼は完全な列車を建設したいと思いました。彼にとって完全な列車とは，いかなる事故をも起こさない列車を意味しました。彼は研究を重ねました。そして，夢の超特急を建設しました。1964年10月1日，最初の新幹線が走り始めました。約10日後，東京オリンピックが日本で開催されました。

島秀雄はのちに，言いました。「『できる』と言うことは，『できない』と言うことより簡単だ。『できない』と言うためには，あらゆる方法でそれを行うには難しすぎるということを証明しなければならない。『できる』と言うためには，多くの方法のうち，一つの正しい方法を証明しなければならないだけである。」

島秀雄の偉大な働きで，新幹線は今や，日本中を「飛び」回っています。

4 代名詞に注意する

Step 1 解答	p.26

(1) (Because) Olivia said (that) Ken's costume (of a Japanese anime character) was the best (Halloween costume that day).
(2) イ

解説

(1) 最後の文に Ken was glad to hear that. 「ケンはそれを聞いてうれしかった」とあるので，「それ」の

指す内容を具体的に書く。
(2) ア　1行目に10月とあるので不一致。
　　ウ　アニメの衣装を作ったのはケン自身。
　　エ　ケンはアニメの衣装を着て，パーティーに来た。

┌─ ⚠ 誤りに気をつけよう ─┐

that は「あれ」「あの」という意味の他に，「その」という意味があることに注意しましょう。that day は「その日」という意味になります。

《日本語訳》

ケンがアメリカにいたとき，10月の終わりに，彼はオリビアの家を訪れました。オリビアと彼女の友達はハロウィーンパーティーをしました。そのパーティーでは，みんなはハロウィーンの衣装を着なければなりませんでした。ケンは日本のアニメキャラクターの衣装を作りました。ケンがその衣装を着て，パーティーに着いたとき，その場にいたみんなが彼のところへやって来ました。ケンの衣装がとてもよかったので，みんなが気に入りました。オリビアは，その日でいちばんいい衣装だと言いました。ケンはそれを聞いてうれしく思いました。

Step 2-1 解答	p.28〜p.29

(1) ア
(2) ② long　③ be[become]
(3) (例) She felt moved[happy].

解説

(1) help 〜 with … 「…について〜を手伝う」という熟語。with とともに使うのは help だけ。
(2) ② it always took a ② time to do it 「いつもそれをするのに ② 時間がかかった」。前の文に When I tried to explain even one thing 「一つのことでさえ，説明しようとすると」とあり，その後に，I felt sorry because they often stopped eating and waited until I finished talking「私が話し終えるまで，しばしば食事の手を止めて待ってくれたので，申し訳なく思う」とあるので，「『長い』時間がかかった」と判断できる。
③ but I'm sure you'll ③ a good English speaker some day. 「でも，きっといつかあなたは上手な英語を話す人に ③ でしょう」とあるので，『なる』にあたる語が入ることになる。
(3) 11行目に I was moved. 「私は感動した」とある。

：（コロン）の用法。「すなわち」という意味を表す働きがあります。a message written on it: "Don't give up! Keep trying!"「それ（カップ）の上に書かれたメッセージ，すなわち『あきらめないで！努力を続けて！』」となります。

《日本語訳》

　こんにちは，みなさん。このカップについて話したいと思います。それはアメリカでホストファミリーからもらったプレゼントです。昨年の7月に英語を勉強するためにニューヨークへ行き，1週間ブラウン夫妻の家でホームステイをしました。料理や車を洗うといった家事を手伝うことがほんとうに楽しかったです。でも，食事の時間はつらい時間でした。一つのことでさえ，説明しようとすると，いつも長い時間がかかりました。私が話し終わるまで，ブラウン夫妻はしばしば食事の手を止めて待ってくれたので，申し訳なく感じました。

　滞在の最後の日に，ブラウン夫人は，「今はあなたは自分の英語に満足していないのはわかっています，でもきっといつか上手な英語を話す人になれると思うわよ」と私に言ってくれました。それから，このカップを私にくれました。そのカップに「あきらめないで！努力を続けて！」というメッセージが書かれているのを見つけました。私は感動しました。これは私の宝物で，私にたくさんのエネルギーをくれます。

　ありがとうございました。

Step 2-2　解答　　　　　p.30〜p.31

(1) 拓也が使っていたラケットを健が使ってもよいということ。
(2) （例）Let's practice [play] tennis together again.
(3) nothing
(4) ① カ　② オ　③ イ
(5) エ
(6) ① Why were　②（例）stop trying

解説

(1) that「それ」は直前の内容を受けている代名詞。
(2) その後の「ぼくと一緒にテニスをするとまたぼくがミスをして，負けてしまうよ」というセリフから，内容を考える。
(3) トーナメントの前は「ともに練習をしていた」。しかし，後はどうだったかを考える。
(4) ① 本文中は we lost「私たちは負けた」なので，同じ意味を表す couldn't win「勝てなかった」が適切。
② sorry「すまないと思う」③ kind「やさしい」
(5) ア「上手なテニスプレーヤーになる方法」　イ「私の友達，拓也と拓也のいちばん好きなもの」　ウ「中学時代でいちばん幸せな時間」　エ「テニスを通して拓也から学んだこと」
(6) ① 佐藤先生のセリフがクエスチョンマークで終わっているので，何かを問いかけていると分かる。次の健の言葉が，〜 because Takuya asked me to play tennis with him.「拓也が自分といっしょにテニスをしようと頼んだ」とあるので，「なぜテニス部に入部することに興味があったのか」という質問だと推測できる。
② 本文の中で，健は Trying something and making mistakes is better than doing nothing.「何かに挑戦することや，ミスをすることは，何もしないことよりもよい」と言っていることや，本文の健のエピソードを考えると，「挑戦することをやめるべきではない」という意味のセリフが推測できる。

I want you to be my partner.「私は君に私のパートナーになってほしい」be の主語が you になっていることに注意しましょう。I want to be ... なら「私が…になりたい」となります。

《日本語訳》

　私には大親友がいます。彼の名前は拓也といいます。小学校の時からずっと友達です。中学校では，いっしょにテニスをしました。今から，そのテニスの日々について話します。

　4月に中学校へ入学したときに，拓也は「健，どのクラブに入るの」とたずねてきました。「実は，まだ決まってなくて，拓也は…」私はそう答えて，彼の考えを聞き返そうとしました。彼は私の言葉をさえぎって，「一緒にテニスをやろう。君にパートナーになってほしい」と言いました。彼は1年前に小学校でテニスを始めていました。彼はこう続けました。「新しいラケットが手に入ったんだ。だから君はこの古い方を使えばいいよ」私はそのことを聞いて驚きました。なぜなら，彼がそのラケットを大事にしていたことを知っていたからです。数日後，私はそのラケットを持っ

て，テニス部へ行き，部員になりました。

　ほとんど毎日，私たちは一緒にテニスの練習をしました。すべてが自分にとって新しく，とても楽しかったです。その年の夏に，拓也は私のパートナーになって，私たちは初めて大会に出ました。その日は全力をつくそうと決めました。しかし，私はミスをたくさんしてしまい，試合に負けました。拓也に何と言えばいいのかわかりませんでした。私は，「拓也や他のメンバーはぼくのことをどう思っているのだろうか」と思いました。私はこれ以上テニスをしたくありませんでした。そして，私は彼に声をかけることさえもしませんでした。しばらくの間，何も変わることはありませんでした。

　それからある日，拓也は私に話しかけてきました。「やあ，健！大会が終わってから一緒にテニスの練習をしてないね。また一緒に練習をしようよ」私は，「もしぼくとテニスをしたら，ぼくはミスをするし，また負けるよ…」と言いました。彼は，「もし君が何もしなかったら，何も変わらないし，君は上手な選手になれないよ」と言いました。それから「努力したのなら，ミスしても大丈夫だよ！」と笑顔で言いました。私は驚いて，何も言うことができませんでした。大会のあと，私はテニスをすることを恐れ，何もしませんでした。それは私がした最も大きなミスでした。彼の言葉は私の気持ちを変えました。その後，それまで以上に練習をし，ミスもたくさんして，より上手な選手になりました。

　私たちの中学時代のテニスの日々は終わってしまいましたが，テニスを通じて拓也からたくさんのことを学びました。一つだけ確かなことがあります。何かに挑戦し，ミスをすることは，何もしないことよりもよいのです。努力すれば，新しい何かを見つけるチャンスがあることでしょう。

Step 3　解答　　　　　　　　　p.32～p.33

(1) (A)ウ　(B)ア　　(2) エ　　(3) イ
(4) ① ア　② エ　　(5) ウ, カ

解説

(1) A ア「料理のしかた」　イ「なぜ私たちがそれを好きなのか」　ウ「それについて何をすればよいのか」　エ「どこでそれを食べられるか」
　B ア「食べてみない？」　イ「みんなに見せてくれる？」　ウ「なぜそう思うの？」　エ「それは何に似ている？」

(2) ア　彼らの野菜を使って給食を作ってもらうように先生に頼むこと
　イ　タウンミーティングに行ってもらうように先生に頼むこと
　ウ　彼らの野菜を食べてもらうように市長に頼むこと
　エ　彼らの野菜を給食に使ってもらうように市長に頼むこと

(3) 前文に I learned from the children that our vegetables can make people happy.「私は自分たちの野菜が人々を幸せにすることができるということを子供たちから学んだ」とあるので，「野菜を育てる決心をした」が正解となる。

(4) ① 小学校で高校生たちは　あ　。
　ア　その日の朝に，高校でとれた野菜を見せた
　イ　彼らの野菜を多くの子供たちが食べたくないと思っていることが分かった
　ウ　新鮮な野菜の美しい色について子供たちに教えようとした
　エ　野菜を育てることは難しくないと子供たちに知ってもらいたかった
　② 給食で，マキは野菜を食べた，なぜなら　い　。
　ア　彼女は変わった形の野菜が好きだったから
　イ　彼女は高校生たちが彼女を見張っていると思ったから
　ウ　彼女は他の子供たち全員が給食を全部食べたとわかったから
　エ　彼女は高校生たちが野菜を一生懸命育てていることがわかったから

(5) ア　タウンミーティングに行って，市長に給食について話をすることは久美の考えだった。
　イ　ゆりえと久美の参加したタウンミーティングは学生だけの会だった。
　ウ　マキが以前より野菜をたくさん食べられたと感じたので，ゆりえはうれしかった。
　エ　ゆりえは彼女の町の人々に彼女の野菜を上手に料理する方法を教えたい。
　オ　ゆりえは他の町に住んでいる人々は彼女の新鮮な野菜を食べられないと思っている。
　カ　ゆりえはたくさんの人に彼女の野菜を通して，彼女の町について知ってもらいたいと思っている。

🏰 誤りに気をつけよう

(5)の問題は「2つ」選ぶ問題なので注意しましょ

《日本語訳》

　私は高校で，野菜の育て方を勉強しています。野菜を育てることは簡単ではありませんが，それらが大きくなると，うれしく思います。私たちはとても野菜が好きで，だから，多くの人々に野菜を食べてもらいたいです。私たちは自分たちができることについて話しました。クラスメートの一人の久美が，「給食はどう？子供たちの給食を作るために私たちの野菜が使えるわよ」と言いました。私たち全員がそのアイデアを気に入りましたが，そのために何をすればよいのかがわかりませんでした。それで，私たちは先生にたずねました。先生は，「『タウンミーティング』のことを知ってるかい。市長に君たちの考えを伝えることができるよ。彼はこの町のために新たなアイデアをほしがっているんだよ」と言いました。私たちみんなはそれをすべきだと思いました。

　久美と私はその会議へ行きました。会議には，約50人いましたが，学生は私たちだけでした。私は，私たちの考えを市長に伝えました。彼はそれをとても気に入りました。1か月後，知らせを聞きました。町のいくつかの小学校で，給食に私たちの野菜が使われることになりました。私たちはとてもわくわくしました。

　私たちはその小学校の1つに行き，2年生のクラスへ入りました。最初に私たちの野菜を子供たちに見せました。男の子の一人が，「このキュウリの形は変だよ！」と言いました。「食べてみる？」と私は言いました。そして男の子はキュウリを食べて言いました。「これすごくおいしい！」他のたくさんの子供たちも食べて，わくわくしていました。私は子供たちに言いました。「新鮮な野菜は違った味がするんだよ。今朝，ここへ来る前に，この野菜を学校で収穫してきたんだよ。」そして，私たちは写真を見せながら，野菜の育て方を子供たちに教えました。また私たちは休みの日でさえ，毎日，野菜の世話をしなければならないことも伝えました。

　そして，私たちは子供たちといっしょに給食を食べました。料理の中に私たちの作った野菜が入っているのが見えてよかったです。子供たちが野菜を楽しんでいるのを見ることができたのもよかったです。しかし私は，うれしそうでないひとりの女の子を見ました。

彼女の名前はマキと言いました。私は彼女に，「大丈夫？」と聞きました。彼女は，「うん，大丈夫」と答えました。けれども，まだ表情はうれしそうにありませんでした。私はそれ以上何も言いませんでした。給食後，マキが私のところに来て言いました。「私は野菜が好きじゃないけど，お姉ちゃんたちががんばって野菜を育てているって知ったから，がんばって全部食べるようにしたよ。」そして，彼女はほほえんで，「全部食べて，全部おいしかったよ！これからもっと食べられると思う」と言いました。彼女の言葉は私をとても幸せにしてくれました。

　私は，自分たちの野菜が人々を幸せにできるということを子供たちから学びました。そして，私は将来，仕事として野菜を育てることを決心しました。野菜が新鮮であるうちに，町の人々にその野菜を楽しんでもらいたいです。私は人々に会って，どのように野菜を育てるかを見せるよう努力します。彼らは私が育てた野菜を食べるときに，安心するでしょう。また他の場所に住んでいる人々にも私の野菜を食べてもらいたいです。他の町を訪れ，人々に食べてみてくれるように頼むつもりです。遠くに住んでいる人々でも，インターネットで私の新鮮な野菜を買うことができます。もし彼らが私の野菜を気に入れば，私の町の名前を覚えてくれるでしょう。そしてより多くの人々が私の町を訪れるでしょう。それは私の野菜が人々を町へ連れてくることを意味します。私は野菜を育てることで町のために働くことができると信じています。

5　必要な情報をつかむ

Step 1　解答	p.34
イ	

解説

　第1文に，「ある人たちは夜によく眠れないし，朝は早く起きられないと言います」とある。さらに「第一に(First)，起きるとき，朝の太陽の光を得てください。第二に(Second)，毎日，運動をすべきだ。第三に(Third)，寝る前は，くつろげることをするのがよい」とあるので，よい睡眠を得るための方法について述べている。

🔔 誤りに気をつけよう

Mr. Okada, our homeroom teacher, was born

in Australia. の文の主語は，Mr. Okada, our homeroom teacher ですが，二人ではありません。「岡田先生，つまり私たちの担任」という意味です。前の語句をあとの語句で言い換えています。この関係を「同格」と言います。したがって，be動詞も were ではなく，was になっているのです。

《日本語訳》

　ある人たちは，夜によく眠れないし，朝は早く起きられないと言います。これは深刻な問題だと思います。よく眠ることは健康にとって大切なことだからです。もしあなたがこの種の問題を持っているのであれば，これら3つのことを試してみてください。第一に，起きるとき，朝の太陽の光を浴びてみてください。そうすると体内時計がよりうまく働くでしょう。そして，夜はよく眠るでしょう。第二に，毎日，運動をすべきです。そうすると，もっとよく眠ることができます。第三に，寝る前に，くつろげることをすること，たとえば好きな CD を聞くことはよいです。これらのことを試すことを望みます。

Step 2-1　解答　　　　　　　　　p.36～p.37

(1) イ　　(2) ウ　　(3) 妻と一緒に花を育てること。

解説

(1) 次の文で，「そう望む」と言っている。「元気であること (all right)」を望んでいるという意味になるものを選ぶ。
(2) 直前の文に，「私は再び，妻に花を見せたい」とあるので，ウが正解。
(3) 下から2行目で I have a dream. と言っており，具体的な夢は次の文に書いてある。

🏠 誤りに気をつけよう

　新聞や本，掲示などを主語にすると，「～と書いてある」は普通，**say** を使います。write を使わないので気をつけましょう。What did the book say?（その本には何と書いてあったのですか）

《日本語訳》

　リンダは花が大好きでした。ある日，小さな庭で花の世話をしているお年寄りに出会いました。リンダは，「わあ，きれい」と言いました。「あなたは花が好きですか。暇なときに，これらの花を見に，ここへおいで」

と，そのお年寄りが言ってくれました。

　放課後，リンダはときどき，彼の家に行きました。彼女は，「ここで奥様と一緒にお住まいなのですか」とたずねました。「妻は先月から具合が悪いのだよ。だから，今，入院している」と彼は答えました。「お元気なのですか」と彼女は言いました。彼は言いました，「そうあってほしいのだけれどね…妻は，花がとても好きなのだよ。彼女がこれらの花を育てた。今は，私が妻に代わって世話をしているのだよ。とてもたいへんなので，ときどき育てるのをやめたいと思うよ。だけど，妻にまた，花を見せたいのでね。だから，やめられないのだよ」。「奥様はこれらの花をもう一度，見たらうれしいでしょうね」とリンダは言いました。「ありがとう。私には夢があるんだ。妻と一緒に育てたいと思っているのだよ」と彼は言いました。

Step 2-2　解答　　　　　　　　　p.38～p.39

(1)（例）真理子さんがアメリカに来て，一週間ベッキーさんの家に滞在すること。
(2)（例）真理子さんの乗った飛行機が2時間遅れたので，長時間ベッキーさんたちを待たせたこと。
(3) in front of the science museum
(4) イ

解説

(1) I'm really excited to ～. は「～して本当にわくわくしている」という意味。that 以下のことを知ってわくわくしている。
(2) No problem. は「大丈夫よ」という意味。直前の文を読むと，どのようなことに対してそう言ったのかがわかる。
(3) 質問文の意味は，「ベッキーに送るつもりの写真を，真理子はどこで撮りましたか」である。真理子は最後に「科学博物館の前で撮った」と言っている。
(4) ア「ご多幸を祈ります」　イ「昔々」　ウ「じゃあね」　エ「気をつけてね」という意味なので，イは終わりのあいさつには使わない。

🏠 誤りに気をつけよう

　「午前10時」を英語で表すと，"10 a.m.（A.M.）"です。「午後3時」なら，"3 p.m.（P.M.）"です。a.m.（A.M.）も p.m.（P.M.）も数字の後に置きます。日本語に合わせて，数字の前に置いている看板をよく見かけるが，それは誤りなので気をつけましょう。

《日本語訳》

[メールＡ]

こんにちは，真理子。

　Ｅメール，ありがとう。あなたがアメリカに来て，私の家に１週間ホームステイすると聞いて，本当にわくわくしています。待ちきれない気持ちです。

　家族と空港でお迎えします。さて，一つ質問があります。滞在中はどこに行きたいですか。私はあなたと一緒にいろいろなところに行きたいと思っています。すぐに，連絡をもらえればうれしいです。

じゃあね。

ベッキーより

[メールＢ]

親愛なる，ベッキー。

　お元気ですか。私は今，自宅にいます。いろいろとしていただいてありがとう。あなたとすばらしいときを過ごしました。

　空港に着いて，あなたやご家族とお会いしたとき，とてもうれしかったです。飛行機が２時間遅れたので，皆さんは長時間，待たなければならなかったですね。だけど，あなたは，「大丈夫ですよ」と言ってくれました。私はそのことを決して忘れません。

　あなたとお話したり，いろいろな場所に行ったりして楽しかったです。科学博物館の前で撮った写真をお送りします。

お元気で，

真理子より

Step 3 解答	p.40〜p.41

(1) (例) 家で音楽を手に入れるほうが簡単だから。

(2) イ → ウ → ア

(3) ウ

(4) (ア) (例) いい音楽が楽しめなくなる。

　　(イ) (例) ミュージシャンがいい音楽を作るのに必要な多くのお金を得られなくなるから。

(5) エ

解説

(1) 下線部①は「僕はＣＤを買うよりダウンロードするほうが好きです」という意味。後にその理由が書いてある。

(2) ア「だから，私はファンにＣＤで私の歌を聞くことを楽しんでほしいと思います」という意味。　イ

「私は，多くの人がダウンロードして私の歌を手に入れたいと思っていることを知っています」という意味。　ウは「しかし，私は，ダウンロードによる音楽の音はよくないので，好きではありません」という意味。空所の前にミュージシャンが言っているとあるので，Ａはミュージシャンの言葉が入る。So(だから)やBut(しかし)というつなぎの語の意味を考えて並べかえるとよい。

(3) ア「ダウンロードしてよい音楽を手に手に入れることは難しい」という意味。イ「あなたはダウンロードして音楽を手に入れたくないのだね」という意味。ウ「ダウンロードして音楽を取り込むことにはよい点と悪い点の両方がある」という意味。エ「お金を払わずにダウンロードして音楽を手に入れるのはとてもよい」という意味。隆は１つ目の発言で「ダウンロードして音楽を手に入れるのは便利であるし，料金は安い」，直前の発言で「お金を払わずに音楽を手に入れる人たちがいるのは問題である」と言っている。よい点と悪い点があるということなので，ウが適切。

(4) (ア) ３文あとに，「もし彼ら(ミュージシャン)がお金を手に入れなければ，私たちはよい音楽を聞く楽しみがなくなります」とあるので，これを参考にする。

(イ) ２文あとで「ミュージシャンはよい音楽を作るのにたくさんのお金が必要です」と述べている。

(5) ア「彼は若かったころ，ダウンロードして音楽を聞くことを楽しんだ」という意味。マーティン先生の最初の発言第２文に，「ＣＤで音楽を聞いた」とあるので，不一致。

イ「彼は信吾と同じ意見である。しかし，由香とは意見が違う」という意味。マーティン先生は，誰かの意見に反対だとは言っていないので，不一致。

ウ「彼は，生徒たちがダウンロードして音楽を手に入れるべきでないと思っている」という意味。マーティン先生は最後に，「ダウンロードして音楽を手に入れるときは，注意すべきです」と言っているのであって，「手に入れるべきでない」とは言っていないので，不一致。

エ「彼は，生徒たちがダウンロードして音楽を手に入れることについて考えていることを，楽しんで聞いている」という意味。マーティン先生が最後に，「皆さんのいろいろな考えを聞いてうれしい」と発言しているので，一致している。

New York の略は N.Y. または NY です。ピリオドをつけるのなら，N の後と Y の後の両方につけます。つけないのなら，両方につけません。一箇所にのみつけるのは誤りなので，気をつけましょう。

《日本語訳》

マーティン先生：今日は，音楽について話します。若かったころ，私は CD で音楽を聞きました。しかし，今は，多くの人はダウンロードして音楽を手に入れることを好みます。これは，CD を買わないで，インターネットで音楽を手に入れるということです。ダウンロードをすることが今や，非常に一般的になっています。皆さんはそのことをどう思いますか。

信吾：僕は，CD を買うよりダウンロードするほうが好きです。僕の家の近くに CD の店がありますが，家で音楽を取り込むほうが簡単です。

マーティン先生：君の考えはわかります。君はどうかな，由香。同じ考えですか。

由香：いいえ。私はダウンロードでは音楽を手に入れません。私は，その音は好きではありません。あるミュージシャンが言っています。「多くの人がダウンロードして私の歌を手に入れたいと思っていることを私は知っています。しかし，ダウンロードによる音楽の音はよくないので，私は好きではありません。だから，私のファンには CD で私の歌を聞くことを楽しんでほしいと思います」と。彼はダウンロードすることには賛成しません。ですから，私たちはダウンロードして彼の音楽を手に入れることはできません。

マーティン先生：音が違うということは知りませんでした。隆，君の考えを言ってください。

隆：ダウンロードして音楽を手に入れることはとても便利だということはわかります。ときどき，僕はそうします。それに，よりたくさんのお金を払う必要がありません。たとえば，CD を一枚買うのに 1,200 円必要です。しかし，ダウンロードでは同じ音楽を手に入れるのに 600 円しか要りません。

マーティン先生：それはいいですね。

隆：しかし，問題があります。ある人たちは，お金を出さずに音楽を手に入れます。そして，それを他の人にあげます。これは悪いことであるということを分からない人がいます。

マーティン先生：なるほど，隆。ダウンロードして音楽を手に入れることには，よい点と悪い点の両方があるということだね。

隆：そのとおりです。もし人々が無料で音楽を得れば，ミュージシャンはお金をもうけることができません。たとえば，多くの人がお金を払わなかったので，ミュージシャンの一人が 20 億円を損しました。ミュージシャンはよい音楽を作るのにたくさんのお金が必要です。もし彼らがお金を手に入れなければ，私たちはよい音楽を聞く楽しみがなくなります。

マーティン先生：みんなからいろいろな考えを聞けてうれしいです。ダウンロードして音楽を手に入れるときは注意しなければいけませんね。ありがとう。

第 **2** 章 ジャンル別対策

6 会 話 文

Step 1 解答　　　　　　　　　　　　p.42

(1) (例) **ア** Do you have anything to do next Sunday?　**イ** Where can I see them?　**ウ** How many movies did you make?

(2) ⑤

解説

(1) **ア** 次に「いいえ，今度の日曜日は何もすることはありません」と答えているので，「今度の日曜日は，何かすることはありますか」と質問していることになる。

イ 次に「文化ホールで見ることができますよ」と答えているので，「どこで見ることができるのですか」と質問していることになる。

ウ 次に「映画を 3 本，作りました」と答えているので，「映画を何本，作ったのですか」と質問していることになる。

(2) 次に「それに出す映画を作ったの。短いけれど，とてもおもしろいわよ。祭りに来てくれない？」とあるので，⑤が適切。

① 10 時までに，文化ホールへ行きます。

② 10 時は早すぎます。だから，私は文化ホールへ行けません。

③ すみませんが，今度の日曜日は映画を見ることができません。

④ 私たちの市の有名な祭りに参加するために学校へ来てください。

⑤ 私たちのクラブは映画祭りをします。

⑥ 入場券を買うために，10時に文化ホールへ行きます。

🏯 誤りに気をつけよう

何かをしてもらったり，手伝ってもらったりしたとき，日本語では「すみません」とお礼を言うことがあります。しかし，英語では，そのようなとき，I'm sorry. とは言いません。**Thank you very much.** と言うので，覚えておきましょう。

《日本語訳》

ジェニー：今度の日曜日，何かすることあるの？

アユム：ううん，今度の日曜日は何もすることはないよ。

ジェニー：私たちのクラブが映画祭りをするの。それのために映画をいくつか作ったの。短いけれど，とてもおもしろいわよ。祭りに来てくれない？

アユム：もちろん。どこで見られるの？

ジェニー：文化ホールで見られるわ。

アユム：分かった。映画はいくつ作ったの？

ジェニー：3本作ったのよ。そのうちの1本は学校生活についての映画よ。だから，その中で，友達の何人かを見られるわよ。

Step 2-1 解答	p.44〜p.45

(1) (A)ウ　(B)エ

(2) 方言

(3) (例) ふだんラジオやテレビで標準的な日本語を聞いていること。

(4) (例) 東京ではだれも出雲弁を理解しないと思ったから。

(5) ウ

(6) イ，オ

解説

(1) (A)Could you pass me 〜? は，「〜を取っていただけませんか」と依頼する表現。それに対して，ウのHere you are.「はい，どうぞ」と言って，手渡す。

(B)ア　しかし，どうしてそんなに驚いたのですか。
イ　今，どう感じているのですか。
ウ　誰があなたに関西弁を話したのですか。
エ　それで，何をしたのですか。

次にナンシーが「関西弁を覚えて，使おうとした」と言っているので，エが適切。

(2) カオルが「あなたは，出雲弁を話すのね」と言っているのに対して，ナンシーは，「はい，今，日本語のdialects を勉強しています」と応じているので，「方言」だと推測できる。

(3) 下線部②は「現在の若い人たちは以前ほど方言を使わない」という意味である。母親が次に，「私たちはたいてい，ラジオやテレビで標準的な日本語を聞くわ。このことが理由の一つかもしれない」と述べている。

(4) 下線部③は「僕は東京では標準的な日本語を使うようにするよ」という意味である。次に「誰も出雲弁を理解しないだろう」と言っている。

(5) ア「出雲弁を話したい」　イ「デザートにケーキを食べたい」　ウ「ナンシーと一緒に，図書室に行きたい」　エ「ナンシーに出雲弁を教えたい」
直前にナンシーが「図書室へ調べに行くから，一緒に来ない？」と誘っているので，「一緒に行きたい」と応じた。

(6) ア　ナンシーの4番目の発言に「オーストラリアでは，標準的な日本語を学びました」とあるので，不一致。
イ　ナンシーの5番目の発言に「関西弁を覚えて使うと，コミュニケーションが簡単になったし，友達も増えた」とあるので，一致。
ウ　カオルの4番目の発言「私自身，『だんだん』を使わないわ」とあるので，不一致。
エ　カオルの祖母が東京に働きに行ったという発言はないので，不一致。
オ　ナンシーの最後から2番目の発言に「カオル，あなたは方言に誇りを持つべきです」とあるので，一致。

🏯 誤りに気をつけよう

日本語では，朝，出会うと「おはよう」と言います。しかし，たとえば午前11時頃なら，たいていの人は「こんにちは」とあいさつをします。英語では，正午までは **Good morning.** と言うのが普通です。

《日本語訳》

ナンシー：塩を取っていただけませんか。

母：はい，どうぞ。

ナンシー：ありがとう，だんだん。

カオル：すごい。あなた，出雲弁をしゃべるのね。

ナンシー：はい。今，日本語の方言を勉強しています。

カオル：どうしてそれに興味があるの。

ナンシー：オーストラリアでは，標準的な日本語を学びました。2年前に初めて日本にやってきたとき，大阪でホストファミリーと話してびっくりしました。彼らの日本語は別の言語のように聞こえました。それは関西弁でした。

カオル：そのとき，どうしたの。

ナンシー：いくつか関西弁を覚えて，出会った人とは関西弁を使おうとしました。その後，コミュニケーションがずっと簡単になり，友達が増えました。

父：それはおもしろいね。

ナンシー：方言には標準的な日本語にはない特別な力があると感じています。だから，現在の若い人たちが以前ほど方言を使わないと聞いて，とても残念に思います。どうして彼らは使わないのですか。

カオル：なぜかわからない。出雲弁は私の方言だけれど，私自身，「だんだん」を使わないわ。

母：私たちはたいてい，ラジオやテレビで標準的な日本語を聞くわね。このことが理由の一つかもしれない。

父：私の母がかつてある話をしてくれたよ。同じクラスの男の子が働きに東京へ行く決心をした。彼は母に「僕は東京では標準的な日本語を使うようにするよ。誰も出雲弁は分からないだろうからね」と言ったんだ。

ナンシー：だけど，私は出雲弁が好きです。それぞれの方言はその地域の文化の一部を表していると思います。カオル，あなたは方言に誇りを持つべきです。明日，それについて勉強するために，学校の図書室に行きます。一緒に来ませんか。

カオル：いいわよ。喜んで。

母：ああ，忘れるところだったわ。デザート用にケーキを買ってあるのよ。召し上がれ。

ナンシー，カオル：だんだん！

Step 2-2 解答	p.46〜p.47

(1) ① **ウ** ② **イ** ③ **ア** ④ **エ**
(2) **エ** (3) **イ**

【解説】

(1) **ア** 少し難しかった。
　イ 久美，私も日本人女性のような気持ちになったわ。
　ウ 元気でしたよ！
　エ いい見方ね。

① 直前の「冬休みは元気でしたか」に対する答えなので，**ウ**が適切。
② 直前の「大人の女性のような気持ちになったと思うよ」に対する応答なので，**イ**が適切。
③ 直前の「うまく歩けた？」に対する答えなので，**ア**が適切。
④ 直前の「着物は体の動きをより上品に変えることもできるね」に対して，**エ**で応答すると会話がうまく流れる。

(2) the coming-of-age day は「成人の日」のこと。このまま覚えておこう。

(3) **ア** 着物を着ると，気持ちがよく，何も考えないで動く。
　イ 着物を着ると，新鮮に感じ，他人に対して注意深く行動する。
　ウ 着物を着ると，気持ちがよく，他の人と一緒にとても速く歩く。
　エ 着物を着ると，新鮮に感じ，美しい着物に気を使う。

直後でナンシーが「着物は気持ちを新鮮にできるよね。それに，他の人に何かするとき，着物は体の動きを上品に変えることもできるね」と言っているので，**イ**が適切。

━━━ 🔔 **誤りに気をつけよう** ━━━

must と have to は両方とも「しなければならない」という意味ですが，その否定形 mustn't と don't have to では，意味が違うので，気をつけましょう。**mustn't** は「〜してはいけない」，**don't have to** は「する必要がない」です。

《日本語訳》

久美：こんにちは，ナンシー。新年，おめでとう！冬休みは元気でしたか。

ナンシー：元気でしたよ。*明けましておめでとうございます。*今日は，あなたに見せたい写真を持ってきているのよ。見て！

久美：すごい！着物を着ているじゃない！とても美しく見えるわよ。

ナンシー：ありがとう，久美。このごろは，日本の人たちはいつ，着物を着るの。

久美：特別な日に着るの。たとえば，1月の第二月曜日に。英語ではその日は何と言うか知らないけれど，日本では20歳になる人をお祝いする日なのよ。

ナンシー：成人の日だと思うけど，そうでしょう？

久美：ええ，どう言うのか覚えておくわ。日本人は卒業式や結婚式にも着物を着るよ。

ナンシー：そうなの。じゃあ，あなたも着たことがあるの？

久美：ええ，あるわよ。3歳と7歳の時に着たことを覚えているわ。その行事を七五三と呼ぶのよ。

ナンシー：それを着たときはどんな気持ちだった？

久美：あまりよく覚えていないけど，たぶん，大人の女性のような気持ちになったと思うよ。

ナンシー：久美，私も日本人女性のような気持ちになったわ。

久美：それはおもしろいわね！その気持ち，よくわかるわ。着物を着ているとき，ぞうりも履いたの？

ナンシー：ええ，履いたわ。

久美：うまく歩けた？

ナンシー：ちょっと難しかった。初めての経験だったから。日本人女性のように歩こうとしたの。

久美：すばらしい。

ナンシー：ありがとう。久美，着物を着るとき，いいことが二つあると思ったわ。着物は気持ちを新鮮にしてくれるよね。それに，他の人に何かするとき，着物は体の動きを上品に変えることもできるね。

久美：いい見方ね。また，着物を着てみるわ。

ナンシー：すてき！

Step 3 解答	p.48〜p.49

(1) **ア**　(2) ① **ウ**　② **エ**
(3) they didn't work together　(4) **イ**

解説

(1) 健悟の3番目の発言「まず，これを見てください」，ジョーンズ先生の5番目の発言「SとFですか」，健悟の4番目の発言「そのとおりです」から，Bが健悟のデザインしたものだと分かる。ジョーンズ先生の7番目の発言「3つの手と星ですか」と，次の里佐の発言「はい」からCが里佐のものだと分かる。健悟の6番目の発言「これはどうですか。シンボルマークには3つの星があります」から，Aも健悟がデザインしたものである。組み合わせとして適切なものは**ア**である。

(2) ① 意味は「シンボルマークCには3つの〜がある」である。**ア**「星」，**イ**「祭り」，**ウ**「手」，**エ**「円」から，**ウ**が適切。

② 意味は「健悟は〜だと考えている」である。**ア**「里佐のシンボルマークは単純すぎる」，**イ**「里佐のシンボルマークは一番よい」，**ウ**「里佐のシンボルマークを使うのは有効である」，**エ**「里佐のシンボルマークを使うのは難しい」。健悟は6番目の発言で「里佐のシンボルマークを使うのは難しいと思います」と言っている。したがって，**エ**が適切。

(3) 下線部は「ひとつ問題があります」という意味である。英文の意味は「健悟と里佐は『強い友情』を表したいと思っていました。しかし，〜」である。ジョーンズ先生の最後から3番目の発言に，「あなた方二人は『強い友情』を上手に表しました。しかし，シンボルマークを作るために一緒に仕事をしましたか。強い友情には，一緒に仕事をすることがとても重要だと，私は思います」とある。英文にはbutがあるので，前の内容と反対のことを表す文が来る。

(4) **ア**「健悟と里佐は，ジョーンズ先生に文化祭のシンボルマークを作ってほしいと思っている」という意味。里佐の2番目の発言は，「机の上にある3つのシンボルマークをどうぞ見てください。私たちがデザインしました。思ったことをお話していただけませんか」である。作ってほしいと思っているわけではないので，不一致。

イ「ジョーンズ先生は，里佐のシンボルマークは文化祭をよく表していると思っている」という意味。里佐のシンボルマークを見て，ジョーンズ先生は8番目の発言で「文化祭にはよいデザインですよ」と言っているので，一致している。

ウ「文化祭の一番よいシンボルマークを選ぶのは，ジョーンズ先生にとって難しくない」という意味。ジョーンズ先生の最後から4番目の発言「決めるのが難しいですね」と不一致。

エ「ジョーンズ先生は健悟のシンボルマークがとても好きです。しかし，里佐のシンボルマークは好きではありません」という意味である。ジョーンズ先生の8番目の発言に「文化祭にはよいデザインですよ」とあるので，不一致。

🔔 誤りに気をつけよう

「○○先生」と呼ぶときは，"○○ teacher"とは言いません。男性の先生なら，Mr. Jones，女性の先生なら，Ms. Brownのように，姓の前にMr. あるいは Ms. をつけます。

《日本語訳》

ジョーンズ先生：こんにちは，健悟！こんにちは，里佐！何をしているのですか。

里佐：こんにちは，ジョーンズ先生。10月に文化祭があることをご存じですか。

ジョーンズ先生：はい。楽しみにしていますよ。

健悟：僕たちはその文化祭のシンボルマークについて話し合っています。

ジョーンズ先生：そうですか。

健悟：はい，それは多くのものに載せられます。たとえば，パンフレットや学級旗です。僕たちはいちばんよいシンボルマークを作りたいと思います！

里佐：机の上にある3つのシンボルマークをどうぞ見てください。私たちがデザインしました。思ったことをお話ししていただけませんか。

ジョーンズ先生：いいですよ。

健悟：まず，これを見てください。

ジョーンズ先生：SとFですか。

健悟：そのとおりです。文化祭のメインテーマは「強い友情」です。僕はそれを表現したかったのです。

ジョーンズ先生：あなたのシンボルマークからメインテーマを理解することは簡単ですよ。

健悟：ありがとうございます。

里佐：それは文化祭には単純すぎると思います。先生はこれをどう思いますか。私がデザインしました。

ジョーンズ先生：3つの手と星ですか。

里佐：はい，星は文化祭の喜びを意味します。そして，手は強い友情を意味します。強い友情を持っていれば幸せになるでしょう。文化祭では音楽のコンサートのようなイベントがたくさんあります。それらも表現したいと思いました。

ジョーンズ先生：文化祭にはよいデザインですよ。健悟，あなたはそれについてどう思いますか。

健悟：シンボルマークは多くのものに使われます。だから，単純であるべきです。里佐のシンボルマークを使うのは難しいと思います。これはどうですか。そのシンボルマークには3つの星があります。それらはこの学校の3つの学年です。また，2つの円があります。それらは男子と女子です。僕はすべての生徒に強い友情を持ってほしいと思っています。このシンボルマークでそれを表したかったのです。

ジョーンズ先生：あなたはそれについてたくさんのことを考えましたね。

健悟：ジョーンズ先生，どれが文化祭に最もよいですか。

ジョーンズ先生：そうですね，決めるのが難しいですね。健悟，多くのものにあなたのシンボルマークを使うのは簡単ですね。里佐のシンボルマークは文化祭をよく表しています。私はそれぞれのシンボルマークが好きです。しかし，ひとつ問題があります。

健悟：問題ですか。

ジョーンズ先生：あなた方二人は「強い友情」を上手に表しました。しかし，シンボルマークを作るために一緒に仕事をしましたか。強い友情には，一緒に仕事をすることがとても重要だと，私は思います。

里佐：ええ，おっしゃるとおりです。私たちは，もっとも大切なことを忘れていました！

健悟：はい，僕たちのメインテーマは「強い友情」ですが，僕たちは一緒に仕事をしませんでした。

ジョーンズ先生：あなた方が一緒に仕事をすれば，最良のシンボルマークを作ることができますよ！

里佐：はい，ありがとうございます，ジョーンズ先生。

ジョーンズ先生：どういたしまして。あなた方が作るシンボルマークが，すべての生徒に一緒に仕事をする力を与えることを望んでいます。

健悟：そうあればいいと思います。新しいものを作って，先生にお見せします！

7　図表・グラフを扱った文

Step 1　解答	p.50
イ	

解説

質問：グラフと表から何を言うことができますか。

　ア　生徒は気温が低くなると，より多くのトマトサンドを買いました。

　イ　生徒は気温が低くなると，より多くのツナサンドを買いました。

　ウ　生徒は天気のよい日に，トマトサンドより多くのたまごサンドを買いました。

　エ　生徒は雨が降ったとき，ツナサンドより多くのトマトサンドを買いました。

　表から，気温が低いのは木曜日や金曜日だということが分かる。その日はツナサンドの売れ行きがよいので，イが適切。

🔔 誤りに気をつけよう

　英文に table という語が出てくると，とっさに，食事をしたり，ものを書いたりするときの「テー

ブル」だと思い込むことがあります。グラフや図表などを説明する文では，**table** は「表」という意味で使われるので注意しましょう。

《日本語訳》

太郎の高校には小さな店があります。生徒はそこで3種類のサンドイッチ——トマトサンド，たまごサンド，そしてツナサンドを買うことができます。

下のグラフは今週の月曜日から金曜日までに，生徒がサンドイッチを何箱買ったかを示しています。下の表は，同じ週の天候と気温を示しています。

Step 2-1 解答　　　　　　　　　p.52〜p.53

(1) three
(2) watched a TV program about Shiretoko
(3) (例) want to visit one
(4) 1996　　(5) イ

解説

(1) (A)を含む文の意味は「1993年に，姫路城と他の○つの場所が日本で初めて，世界遺産になりました」である。カナがまとめたレポートに，1993年に日本で最初に登録された世界遺産が全部で4つあることが記されている。

(2) 主語のIの次には動詞(watched)が続く。そのあとに目的語の a TV program が来る。最後に，「知床について(about Shiretoko)」を置く。全体の意味は「2，3週間前に，知床についてのテレビ番組を見たの」になる。

(3) 次のカナの「厳島神社はどうかしら。広島にある神社よ」という発言や，アンディーの「ホストファミリーにそこへ連れて行ってもらえるよう頼みます」という発言から，「この夏休み中にそのうちの1か所を訪れたいです」にするとよい。

(4) カナのレポートに，厳島神社は1996年に世界遺産になったとある。

(5) カナの2番目の発言で「来月，8月9日に家族と行く予定なのよ」とあるので，現在は7月。3番目の発言で「先月，修学旅行で姫路城へ行ったわよ」とあるので，姫路城へは6月に行ったことになる。

📢 誤りに気をつけよう

The graph **shows** the number of students in our school. の shows は「見せる」ではありませ

ん。「〜を示しています」あるいは「〜を明らかにしています」という意味です。グラフや図などが主語になるときの特有の表現です。上の文の訳は「そのグラフは私たちの学校の生徒数を示しています」です。

《日本語訳》

カナ：アンディー，これを見てごらん。富士山がついに日本で17番目の世界遺産になったのよ。

アンディー：それを聞いてうれしいです。今までにそこへ行ったことがありますか。

カナ：ううん，だけど来月，8月9日に家族と行く予定なのよ。

アンディー：いいですね。今までに日本の他の世界遺産に行ったことがありますか。

カナ：ええ。先月，修学旅行で姫路城へ行ったわよ。美しい城よ。1993年に，姫路城と，他の3つの場所が日本で最初に世界遺産になったの。

アンディー：なるほど。じゃあ，これらは何についてですか。

カナ：私が注目した場所についてのものよ。これは北海道の知床についてよ。2，3週間前に，知床についてのテレビ番組を見たの。その番組からたくさんのことを学んだわ。そこではたくさんの種類の植物や動物を見ることができるのよ。

アンディー：それはすばらしい。ところで，僕は日本にそんなにたくさんの世界遺産があるとは知りませんでした。この夏休み中にそのうちの1か所を訪れたいです。

カナ：厳島神社はどうかしら？広島にある神社よ。1996年に世界遺産になったの。海の中に建っているのよ！

アンディー：すごい！すばらしい。ホストファミリーにそこへ連れて行ってもらえるよう頼みます。

Step 2-2 解答　　　　　　　　　p.54〜p.55

(1) ① ウ　② イ
(2) (例) I want to see penguins.

解説

(1) ① 質問は「大雪水族館では6月に，イルカのジャンピング・ショーとペンギンのお散歩タイムを楽しむことができますか」という意味。

ア　はい，それらを楽しむことができます。

イ いいえ，それらを楽しむことができません。

ウ いいえ，イルカのジャンピング・ショーだけ楽しめます。

エ いいえ，ペンギンのお散歩タイムだけ楽しめます。

広告の最下段に，「ペンギンのお散歩タイムは，5月1日から11月30日までは開催されません」とあるので，**ウ**が適切。

② 質問は「ある女子高校生は11歳の弟と大雪水族館へ行きました。彼女は17歳でしたが，そのとき生徒の身分証明書を持っていませんでした。二人で料金はいくらでしたか」という意味。

17歳の女子高校生は生徒証明書を持っていなかったので，1,300円。弟は11歳なので500円。両方で1,800円になる。

(2) 質問は「もし水族館へ行くとすれば，何を見たいですか」という意味。

質問の文に，do you want to see が使われているので，I want to see ～ . で答えるとよい。

🔔 誤りに気をつけよう

「～回」は time を使います。しかし，「一回」は **once**，「二回」は **twice** です。「三回」以上は**数詞に times** をつけて，three times, four times, five times のように言います。

《日本語訳》

大雪水族館

　約500種類の海洋生物を見ることができます。そしてイルカのジャンピング・ショーとペンギンのお散歩タイムを楽しむことができます。ぜひおこしください，そしてわくわくする時間をお過ごしください。

時間　9：00 ～ 17：00

料金　大人（16歳以上）　　　　⇒ 1,300円
　　　大人（学生または生徒の身分証明書を
　　　　　　お持ちの方）　　　　⇒ 1,000円
　　　子ども（4～15歳）　　　　⇒ 500円
　　　子ども（0～3歳）　　　　　⇒ 0円

ペンギンのお散歩タイムは5月1日から11月30日までは開催されません。

Step 3　解答	p.56～p.57

(1) **ウ**　　(2) alone
(3) 飛行機の便名：**イ**　a：10:00　　(4) **エ**

解説

(1) ア どのフライトが沖縄に行くのですか。
　　イ 札幌をいつ出発するのですか。
　　ウ 何時に出発するのですか。
　　エ 今，何時か分かりますか。

ブラウン先生が「9:40に」と答えている。9:40は沖縄行きの便の出発時刻であることを確認すること。**ウ**が適切。

(2) ②の次の治郎の発言に「家族の他の者は今晩，出発します」とある。ということは，治郎は一人で行くことになる。「一人で」は alone。③を含む文は「僕は一人で旅行するのでわくわくしています」という意味になる。

(3) ブラウン先生は9:40のフライトに乗ると言っている。フライト案内板を見ると，JXK829であることがわかる。治郎は最後から2番目の発言で「搭乗券に載っている時刻は9:20です」と言っている。その後，ブラウン先生が搭乗口が変更されていると言い，「あの出発案内を見ましょう。あなたの便は40分遅れです」と教えている。よって変更後の出発時刻は10:00ということになる。

(4) ア 「ブラウン先生は初めて沖縄に行き，友達といくつかの場所を訪問します」という意味。ブラウン先生の2番目の発言「首里城のようないくつかの有名な場所を訪問するつもりです」と一致する。

イ 「治郎の父は仕事があるので，札幌滞在の2日目に出発します」という意味。治郎の6番目の発言「父は翌日，東京で仕事をしなければならないので，明日の夜，札幌を発ちます」と一致する。

ウ 「ブラウン先生は時間があれば，沖縄で友達と海へ行きたいと思っています」という意味。空所①の前で，ブラウン先生が「海が美しいと聞いています。時間があれば行きたいと思っています」と言っていることと一致する。

エ 「治郎は札幌滞在中の2日目に，祖母と雪祭りに行きます」という意味。治郎の5番目の発言は「祖母が今日，雪祭りに連れて行ってくれるのです」である。「2日目」ではなく「今日」なので，不一致。

🔔 誤りに気をつけよう

「本の20ページを開く」という場合の「20ページ」は，英語にすると，"page 20"です。日本語に影響されて"20 page（×）"とすると間違いです。数字を前に出す場合は"20th page"のように序数

22

にします。もし，20 pages と複数にすると，20 ペー
ジ目だけでなく，20 ページ全部という意味にな
ります。

《日本語訳》

治郎：わあ，ブラウン先生。ここでお会いするなんて，
　　　びっくりしました。

ブラウン先生：まあ，治郎。おはよう。私もあなたに
　　　会ってびっくりしました。どこへ行くのですか。

治郎：祖母に会いに札幌へ行くところです。ブラウン
　　　先生，先生はどちらへ行くのですか。

ブラウン先生：友達と一緒に沖縄へ行くところです。
　　　首里城のようないくつかの有名な場所を訪問するつ
　　　もりです。私たちは三線<ruby>三線<rt>さんしん</rt></ruby>にも興味があります。ホテ
　　　ルの付近で三線を演奏する場所を見つけようと思い
　　　ます。

治郎：わあ！すばらしいですね。僕は去年，首里城へ
　　　行きました。とてもきれいでした。また，沖縄へ行
　　　きたいと思います。以前にも行ったことがあります
　　　か。

ブラウン先生：いいえ，ありません。これが沖縄への
　　　初めての旅行です。海が美しいと聞いています。時
　　　間があれば行きたいと思っています。

治郎：何時に出発するのですか。

ブラウン先生：9：40 です。飛行機は 30 分遅れてい
　　　ます。ですから，出発まで 1 時間以上あります。あ
　　　なたは札幌で何をするのですか。

治郎：祖母が今日，雪祭りに連れて行ってくれるので
　　　す。明日は家族とスキーに行きます。兄と僕は滞在
　　　の最後の日に動物園へ行く予定です。

ブラウン先生：なんとよい計画でしょう。札幌では，
　　　何日滞在するのですか。

治郎：3 日間，滞在するつもりです。兄と僕は 2 月
　　　11 日の夜に母と一緒に帰ります。しかし，父は翌日，
　　　東京で仕事をしなければならないので，明日の夜，
　　　札幌を発ちます。

ブラウン先生：なるほど。ご家族はどこにいるのです
　　　か，治郎。今朝は札幌へは一人で行くのですか。

治郎：はい。家族の他の者は今晩，出発します。僕は
　　　一人で旅行するのでわくわくしています。ゲートを
　　　探しています。32 番ゲートへはどう行ったらいい
　　　のか知らないのです。

ブラウン先生：32 番ゲートですか。32 番ゲートから
　　　札幌へ行く便はないですよ。今日は，天候の影響で，

多くの便の時間とゲートが変更されています。わか
りました。私が助けてあげます。

治郎：ありがとうございます，ブラウン先生。僕の搭
　　　乗券に載っている出発時刻は 9：20 です。

ブラウン先生：わかりました。あの出発案内を見まし
　　　ょう。あなたの便は 40 分遅れです。それに，ゲー
　　　トも変更になっています。私たちのゲートはお互い
　　　に隣同士ですね。一緒に行きましょう。

治郎：どうもありがとうございます，ブラウン先生。

8　説　明　文

Step 1　解答	p.58
ウ	

解説

ア「夜空の花火鑑賞を楽しんでいる多くの人々は，花
　　火は 10 世紀に中国で始まった，ということを知っ
　　ています」という意味。第 2 ～ 3 文で「花火は最初，
　　いつ，どのように作られたのでしょうか。それにつ
　　いては誰もあまりよく知りません」と述べられてい
　　るので，不一致。

イ「中国の人々は，世界に中国文化を示すためにいろ
　　いろな効果と色のある多くの種類の花火を作りまし
　　た」という意味。「中国文化を示すため」という記
　　述は本文にないので，不一致。

ウ「今日，実際には，中国より多くの花火を作り，外
　　国に販売している国はほかにありません」という意
　　味。最後から 3 番目の文は，「実際，中国は世界で，
　　最も大きな生産国であり輸出国です」であるので，
　　一致する。

エ「国民の祝日や大晦日は，世界中の多くの国で花火
　　をあげる唯一の重要な日です」という意味。「唯一の」
　　という記述は本文にないので，不一致。

> **誤りに気をつけよう**
>
> 　英語の説明文では，主題や結論は最初に示され
> る場合が多いので，そのつもりで読みましょう。
> 日本語の文では最後まで読まないと把握できない
> ということがあります。英語を書くときも，その
> ことを意識するとよいでしょう。

《日本語訳》

　毎年夏に，日本中で花火大会があります。そして，多くの人々が夜空の花火を楽しみます。それでは，花火は最初，いつ，どのように作られたのでしょうか。それについては誰もあまりよく知りません。しかし，それらについて研究している多くの人々は，10世紀に中国からやって来たと考えます。中国の人々は，多くの効果と色のあるたくさんの異なった種類の花火を作りました。花火は今なお，中国文化の重要な部分です。実際，中国は世界で，最も大きな生産国であり輸出国です。今や，花火は世界中に広がっています。多くの国では，人々は国民の祝日や大晦日に，夜空にあがるすばらしい花火を楽しむことができます。

Step 2-1　解答　　　　　　　　　　p.60〜p.61

(1) ウ，エ

(2) (例) ① She buys it at supermarkets.

② They [People] called them salad.

③ Because we can enjoy our lives and cultures (with it).

(3) (例) ⓐ I was very surprised to hear your speech.

ⓑ There were many things I didn't know in it.

[解説]

(1) ア　塩を使った料理を紹介する，という記述はないので，不一致。

　イ　自分の家で1日に使われる塩の量が明確に書かれていないので，不一致。

　ウ　第二段落の第2，3文に「電話やコンピュータ，テレビの部品のいくつかはプラスチックで作られています。塩はしばしば，それを作るために使われます」とあるので，スピーチの内容と合っている。

　エ　第二段落の第4・5文「いくつかの場所では，冬季に道路の上で使われます。それは道路の雪や氷をとかすのです」と合っている。

　オ　第三段落に「ローマ人は仕事のあとにしばしば，塩が与えられました。その後，人々が仕事のあとでもらうお金は"salary"と呼ばれました」とあるが，お金の「単位」とは書かれていないので，不一致。

(2) ①　「レイコはたいてい，どこで塩を買いますか」という意味。第一段落の第4文に，「私はたいてい，スーパーマーケットで塩を買います」とある。

　②　「人々は，塩のついた野菜を何と呼びましたか」という意味。第三段落の第4文に，「後に人々はそれをサラダと呼びました」とある。

　③　「なぜレイコは，塩は私たちにとってとても重要だと考えているのですか」という意味。最後の段落に「私たちは，塩とともに生活や文化を楽しむことができます。だから，私は，塩は私たちにとってとても重要だと思います」とある。

(3) ⓐ　「〜を聞いて驚く」は be surprised to hear 〜 をよく使うので，覚えておくとよい。

　ⓑ　「〜がありました」は There were [was] 〜. を使うとよい。「知らなかったこと」は things I didn't know。「それには」は「それ(＝スピーチ)の中には」と考えて in it。

🔔 誤りに気をつけよう

　「遅かれ早かれ」や「飲食」は語順が決まっていて，順序を変えて言うことはありません。英語にもそのような表現があります。"sooner or later"（遅かれ早かれ）"eat and drink"（飲食）"north and south"（南北）"here and there"（あちらこちら）などはそのまま覚えましょう。

《日本語訳》

　私たちは料理に塩を使います。食べ物を食べるときにテーブルでそれを使います。食料を保存するためにそれを使います。私はたいてい，スーパーマーケットで塩を買います。私は，ほとんど毎日，塩を使いますが，それについてあまり知りませんでした。だから，塩について勉強しました。

　塩はまた，他の多くのものにも使われます。電話やコンピュータ，テレビの部品のいくつかはプラスチックで作られています。塩はしばしば，それを作るために使われます。いくつかの場所では，冬季に道路の上で使われます。それは道路の雪や氷をとかすのです。だから，人々は冬季でさえ歩いたり，車を使ったりできるのです。

　塩は私たちの言語にとって重要になっています。"salad"（サラダ）は"salt"（塩）を意味する"sal"からできた語です。大昔，ローマ人は野菜に塩をつけて食べました。後に人々はそれを"salad"と呼びました。それから，サラダという語は世界中で一般的になりました。"salary"（給料）という語も"sal"からできた語でした。塩はとても貴重でした。だから，ローマ人は仕事のあとにしばしば，塩が与えられました。その後，人々が仕事のあとでもらうお金は"salary"と呼ばれました。

私たちは，塩とともに生活や文化を楽しむことができます。だから，私は，塩は私たちにとってとても重要だと思います。

Step 2-2 解答 p.62〜p.63

(1) ① ⓒ　② ⓑ　③ ⓐ　④ ⓑ
(2) ウ → エ → イ → ア

解説

(1) ① 「我々はアリを殺す前に，＿＿＿＿＿＿ことを思い出さなければならない」という文。
ⓐ　アリは食べ物に至る最短で，最速の道を見つける
ⓑ　アリは我々の重大な問題を解くのがとても得意である
ⓒ　アリは我々の重大な問題を解くヒントを与えてくれるかもしれない
ⓓ　アリも他の生き物と同じ生き物である
第一段落の最後に「アリはいつか，我々が重大な問題を解決する手伝いをしてくれるかもしれない」とあるので，ⓒが適切。

② 「多くのアリは，渋滞を引き起こさずに同じ場所へ行くために，何をするか」という質問。
ⓐ　食べ物のにおいについて行く
ⓑ　単純な規則にしたがう
ⓒ　巣の近くに食べ物を見つける
ⓓ　食べ物に至る方法についてよく知っている
第三段落の第3，4文に「2，3の簡単なルールが必要なだけです。それらのルールに従うとき，大きな集団脳の小さな部分になります」とあるので，ⓑが適切。

③ 「アリは食べ物を見つけると，何をするか」という質問。
ⓐ　どこに食べ物があるかを知らせるために，においを出す
ⓑ　よく知っている道を他のアリに知らせる
ⓒ　他のアリは食べ物に至る最短の道を見つける
ⓓ　少し食べ物を食べて，他のアリに残す
第四段落に，「集団知能の例を見ていきますが，まずここにルールを示します。　1.一匹のアリが食べ物を見つけても，それを食べない。巣に持ち帰る。2.食べ物を見つけたら，特別なにおいを放つ」とあるので，ⓐが適切。

④ 「集団の知能は＿＿＿＿＿である」という文。
ⓐ　従うべき規則
ⓑ　大きな集団脳
ⓒ　小さいがとてもよい脳
ⓓ　我々の重大な問題に対する単純な答え
第三段落に「大きな集団脳の小さな部分になります。これは集団知能と呼ばれます」とある。ⓑが適切。

(2) ア　この小道，つまり食べ物に通じる最も短くて，最も速い小道がこうして，最も強いにおいを放つ。
イ　アリたちがそれを見つけると，小道ににおいを加える。
ウ　しかし，それについては多くを知る必要がない。
エ　アリたちは，そのアリのにおいについてパンまでもどって行く。
したがって，**ウ → エ → イ → ア** の順になる。

🔔 誤りに気をつけよう

everyone は普通，「みな」と訳します。だから，複数だと思って，Everyone **want**（×）to speak English.（みな英語を話したいと思っている）としがちです。しかし，everyone は単数として扱います。正しくは，Everyone **wants** to speak English. です。

《日本語訳》
　台所でアリを見たら，殺す前によく考えてください。どうしてでしょうか。科学者たちは，アリはいつか，我々が重大な問題を解決する手伝いをしてくれるかもしれない，と信じています。
　アリは大きな集団で生活します。アリの脳はとても小さく，リーダーはいません。しかし，集団として組織的であり有能です。そして問題を解決することがとても得意です。たとえば，いつも食べ物のある場所に行くいちばん速い道を見つけることができます。そして，多数のアリが渋滞を起こさずに同じ場所に移動することができます。アリたちはそのような小さな脳で，どのようにしてこれをすることができるのでしょうか。
　答えは簡単です。どのようなアリも多くを知る必要がありません。2，3の簡単なルールが必要なだけです。それらのルールに従うとき，一匹のアリは大きな集団脳の小さな部分になります。これは集団知能と呼ばれます。
　集団知能の例を見ていきますが，まずここにルールを示します。

１．一匹のアリが食べ物を見つけても，それを食べない。巣に持ち帰る。

２．食べ物を見つけたら，特別なにおいを放つ。

３．アリたちは常に，その特別なにおいについて行く。

では，アリの集団がこれら３つの簡単なルールに従うとき，何が起こるか見ましょう。

数匹のアリがパンを見つけます。それらそれぞれは，パンを少しずつ巣に持ち帰ります。偶然にも，そのアリのうちの一匹が最も短くて，最も速い小道を通って，最初に巣に着きます。巣にいる他のアリたちはそれが食べ物に至る最もよい小道であることを知りません。

ア この小道，つまり食事に通じる最も短くて，最も速い小道がこうして，最も強いにおいを放ちます。

イ アリたちがそれを見つけると，小道ににおいを加えます。

ウ しかし，それについては多くを知る必要がありません。

エ アリたちは，そのアリのにおいについてパンまでもどって行きます。

それがすべてのアリの主な小道になります。簡単で，効率的で，そしてとても知的なものです。

今日，科学者たちは，アリのような，集団で働く単純なロボットを作っています。いつの日か，彼らは危険な場所で情報を集めるためにこれらのロボットを使いたいと思っています。また，彼らは我々の体の細胞が集団知能を使っているかもしれないと考えています。もしそうなれば，我々がアリから学んだ知恵はいつか重病と闘う手伝いをしてくれるかもしれません。

Step 3	解答		p.64～p.65
① エ	② キ	③ イ	④ ア ⑤ オ
⑥ ク	⑦ ウ	⑧ カ	

[解説]

ア 実際，「オリノコ」という名前はその土地の言語から来ています。

イ しかし，そのデルタには単なる水場以上のものがあります。

ウ 雨林でその地帯の美しいジャガーの一頭を見る機会があるかもしれません。

エ ベネズエラとブラジルの山脈に源を発します。

オ オリノコ川の周りの雨林地帯にはたくさんの種類の植物や動物がいます。

カ これらの都市はまた，動物や植物から土地を奪っています。

キ これらの小さな川は大きなオリノコ川につながっています。

ク それらは満面の笑みを浮かべているかもしれませんが，注意してください。

① 第一段落は，オリノコ川について述べられている。直後の文で「それから大西洋のデルタまで約1,300マイル流れます」とあるので，オリノコ川についての文を探す。

② 直前の文は「デルタの周りの地帯には小川と小さな水路がいっぱいです」という意味で，「小川」のことが述べられており，小川のことを記しているのは**キ**である。

③ 直後に「オリノコ・デルタはまた，いくつかの南米先住民文化の発祥地です」とあるので，デルタに関係のある文を選ぶ。

④ 直後の「それは，『舟をこぐ場所』という意味です」は，語源を述べている。

⑤ 直後に「それは1,000種類以上のさまざまな鳥の生息地です」とある。「それ」は前の単数の名詞を指す。また，**オ**の「植物や動物がいます」と内容的に結びつく。

⑥ 直後の「これらの動物は18フィート以上にも成長することがあります」はオリノコ・ワニの説明。**ク**が適切。

⑦ 直後のBut は，前後の語句や文を対比する働きがあるので，前後で比べられる内容の文を選ぶ。ここでは，「雨林」と「平原」を比べている。

⑧ **カ**の「これらの町」は，直前の「町のいくつかは大きくなっています」の「町」を指す。

┌─────────────────────────┐
　🕮 **誤りに気をつけよう**

Helen went to America to study English when she was 12 years old. を「彼女は12歳のとき，ヘレンは英語を勉強するためにアメリカに行きました」と訳すと，ヘレンと彼女は別人のように感じられます。しかし，Helen = she なので，実際は同一人物なのです。「ヘレンは12歳のとき，英語を勉強するためにアメリカに行きました」と日本語にするのが適切です。
└─────────────────────────┘

《日本語訳》

　南アメリカのオリノコ川は，世界で最も長い川の一つです。ベネズエラとブラジルの山脈に源を発します。それから大西洋のデルタまで約 1,300 マイル流れます。

　南方に行く途中でオリノコ川は多くのいろいろな場所を流れます。古代の岩石層を通り，滝を越え，雨林地帯を通り抜け，大きな平原を横切って行きます。

　その川の河口にはデルタがあります。そこで川の水は海に流れます。デルタの周りの地帯には小川と小さな水路がいっぱいです。これらの小さな川は大きなオリノコ川につながっています。これらの小川の一つ，カロニ川にはエンジェルの滝という世界で最も高い滝があります。

　しかし，そのデルタには単なる水場以上のものがあります。オリノコ・デルタはまた，いくつかの南米先住民文化の発祥地です。人々は何千年もの間，その川の付近に住んでいました。そして，現在もなお，そこに住んでいます。実際，「オリノコ」という名前はその土地の言語から来ています。それは，「舟をこぐ場所」という意味です。

　オリノコ川の周りの雨林地帯にはたくさんの種類の植物や動物がいます。それは 1,000 種類以上のさまざまな鳥の生息地です。その川そのものにも，危険なピラニアを含む，多くの種類の魚がいます。そして，川の周りの陸地では，オリノコ・ワニのようなさらに興味ある動物さえ見つかるでしょう。それらは満面の笑みを浮かべているかもしれませんが，注意してください。これらの動物は 18 フィート以上にも成長することがあります。このことから，オリノコ・ワニは世界で最も長いワニの一つとされています。

　雨林でその地帯の美しいジャガーの一頭を見る機会があるかもしれません。しかし，開けた平原では，さらに，違う動物，つまり世界で最も大きな齧歯類（げっし）のカピバラをより見かけることになるでしょう。

　しかし，過去 50 年の間に，事態はオリノコ川の川沿いで変化してきました。都市のいくつかは大きくなっています。これらの都市はまた，動物や植物から土地を奪っています。新しい産業社会はゆっくりとオリノコ・デルタに迫ってきています。しかし，産業は美しい川やそこにいる動物，人々に対して何をしているのでしょうか。

高校入試 総仕上げテスト（1）

解答　　　　　　　　　　　　　　　p.66～p.69

❶ (1) イ　　(2) ア　　(3) エ　　(4) ウ

❷ (1) イ　　(2) ① ウ　② エ

❸ (1) エ
(2) 女子は学校に通うべきではないということ。（20字）
(3) 自分たちの権利のために声を上げた，すべての女性と少年少女の日。（31字）
(4) same
(5) 1人の子ども，1人の教師，1冊の本，1本のペンが世界を変えることができるということ。（42字）
(6) ① ア　② イ　③ エ　④ ウ
(7) イ，エ

解説

❶ (1) ア　いつ，外へ行くの。
　イ　何をするつもりなの。
　ウ　今，どこで話しているの。
　エ　どれくらい雪が降るの。
ショウタが後で「雪合戦をするよ」と言っていることから，**イ**が適切。

(2) ア　それには何か問題があるの。
　イ　なぜ，雪合戦をするの。
　ウ　あなたの学校は何をしたいの。
　エ　なぜ，生徒たちは雪の中にいるの。
ラルフは直後に「危ないだろう」と言っているので，ショウタは**ア**の発言をしていることになる。

(3) ア　ドイツは寒くないと思う。
　イ　ドイツでは僕たちは雪玉を作らないよ。
　ウ　君たちの雪合戦はわくわくするね。
　エ　雪玉にはときどき，氷が入っているんだよ。
直前のショウタの「そうは（危険とは）思わない」という発言に対し，ラルフが「雪玉にはときどき，氷が入っているんだよ」と言い，ショウタが納得するという流れ。

(4) ア　僕は他の友達と雪合戦をするよ。
　イ　君は一緒にスキーをする誰かを見つけるだろう。
　ウ　君に雪玉を作ってあげるよ。
　エ　君は他の友達と一緒に教室にいるだろう。
直後で，「一つつかんでみると，日本の雪合戦は危険ではないということがわかるよ」と言っているので，**ウ**が適切。

27

《日本語訳》
ショウタ：外へ行こう，ラルフ。雪がいっぱいあるよ。
ラルフ：何をするつもりなの？
ショウタ：雪合戦をするんだ。
ラルフ：大丈夫かい？ここでしてもいいの？
ショウタ：もちろん，できるよ。どうしてそんなこと聞くの？雪の中で遊ぼうと言っているだけだよ。
ラルフ：ドイツの僕の学校では，生徒は雪合戦ができないんだ。
ショウタ：ほんとう？それには何か問題があるの？
ラルフ：危ないだろう。
ショウタ：そんなに危なくないと思うけど。
ラルフ：雪合戦はときどき，人をけがさせたり，ものを壊したりするよ。
ショウタ：そうは思わないよ。
ラルフ：雪玉にはときどき，氷が入っているんだよ。
ショウタ：ああ，わかった。ドイツでは，冬はとても寒いんだね。だから，いつもたくさん氷があるんだね。
ラルフ：そのとおり。
ショウタ：わかった。君に雪玉を作ってあげるよ。一つつかんでみれば，日本の雪合戦は危険ではないということがわかるよ。
ラルフ：なるほど。ここではそんなに寒くないから，君たちの雪玉には氷がないんだよね。
ショウタ：そうだよ。外へ行こう。

❷ (1) 第一段落第2文に，「2013年には196万人の中学生がスマートフォンを持っている」とあり，その数字は2012年の数より約30万人多いということなので，2012年は166万人ということになる。
(2)① 質問は「多くの生徒はなぜ，スマートフォンを手に入れたいと思っているのですか」という意味。
ア　友達が持っているから。　イ　安いから。
ウ　役に立つから。
エ　食事をするとき，使うことができるから。
第二段落第1文に「スマートフォンはとても高価ですが役に立ちます」とある。
② 質問は「どうすれば，生徒たちはスマートフォンをよい方法で使う大人になることができますか」という意味。
ア　生徒たちはスマートフォンを買わなければなりません。
イ　生徒たちはスマートフォンを使っていろいろなことをしなければなりません。
ウ　生徒たちはレストランでスマートフォンを使わ

なければなりません。
エ　生徒たちはスマートフォンを使うべき時と方法について考えなければなりません。
第四段落に「生徒として，私たちひとりひとりがいつ，どのようにスマートフォンを使うべきかを考えなければならないし，マナーよく使わなければなりません。そうすることによって，私たちは，よい方法でスマートフォンを使うことができる大人になれるのです」とある。
《日本語訳》
　今日，多くの生徒がスマートフォンを持っています。ある研究は，2013年に，日本の約196万人の中学生が自分のスマートフォンを持っていたことを示しています。2012年の数より約30万人多い生徒の数です。
　スマートフォンはとても高価ですが役に立ちます。だから，多くの生徒がそれをほしがるのです。私たちは，それを使って多くのことができます。音楽を聞く，映画を見る，ゲームをする，写真を撮る，メッセージを送る，インターネット上の情報を見つけることや，もっと多くのこともできます。
　しかし，私たちはよい方法でそれらを使わなければなりません。私たちは，大人が食事をしたり，歩いたり，自転車に乗ったり，友人と話したりしているときでさえ，スマートフォンを使っているのを見かけます。ある人たちは，バスや列車の中，レストランにおいてでさえ，スマートフォンで話をします。
　生徒として，私たちひとりひとりがいつ，どのようにスマートフォンを使うべきかを考えなければならないし，マナーよく使わなければなりません。そうすることによって，私たちは，よい方法でスマートフォンを使うことができる大人になれるのです。

❸ (1)ア　マララは読む必要がありませんでした
イ　マララは女子のための学校を必要としていませんでした
ウ　マララは自分の考えを変えることが必要でした
エ　マララは男子のように学校で勉強することが必要でした
空所の前に「彼らは，女子は学校に行くべきではない，と考えています。しかし，マララの父は，反対でした」とあるので，エがあてはまることがわかる。
(2) 第一段落の第4文に，「彼らは，女子は学校に行くべきではない，と考えています」とある。
(3) 第六段落の「『マララ・デーは私の日ではありません。今日は，自分たちの権利のために声を上げたすべて

28

の女性，すべての少年，すべての少女の日です』と言いました」を 30 字程度にまとめるとよい。

(4) 最初の空所を含む文の前の文にある nothing changed は「何も変わっていない」という意味。つまり，「同じ」ということ。英語では same である。最後の段落に same がある。

(5) 下線部の前に「1 人の子どもや，1 人の教師，1 冊の本，1 本のペンが世界を変えることができます。教育が唯一の解決策です」とある。

(6) ①「マララは，インターネット上でその団体に反対の立場で自分の生活について書いたので，(　　　)になりました」という意味。

ア 有名な　　イ 病気の　　ウ 静かな
エ 怒って

第二段落の最後の文に「やがて彼女は世界中で知られるようになりました」とある。「知られる」＝「有名になる」と考える。したがって，アが適切。

②「マララは(　　　)に国連で演説をしました」という意味。

第五段落に「2013 年の 16 回目の誕生日，彼女は演説をするため国連にいました」とあり，第一段落の第 1 文に「マララ・ユスフザイは 1997 年 7 月にパキスタンで生まれました」とある。

③「(　　　)に，マララはアフリカで，誘拐された少女たちを支援しました」という意味。

マララは 2013 年 7 月に国連で演説をしたが，「次の 4 月にアフリカで，平等教育に反対する団体が 250 人以上の女子を誘拐しました。3 か月後，マララはそれらの誘拐された少女たちのために立ち上がりました」と最後から 3 つ目の段落の第 3，4 文にある。したがって，2014 年の 7 月になる。

④「(　　　)が彼女にノーベル平和賞の知らせを最初に伝えました」という意味。

ア イングランドのマララの同級生
イ パキスタンのマララの同級生
ウ イングランドのマララの先生
エ パキスタンのマララの先生

第四段落第 3 文より，マララは殺されかけたあとイングランドに移ったことがわかる。また，最後から 2 番目の段落に「彼女は学校で，先生から初めてその知らせを聞きました」とある。

(7) ア マララが入院するためにイングランドに行ったとき，家族と一緒でした。

第四段落の第 4 文に「その後，彼女の家族もそこへ行きました」とあるので，不一致。

イ 世界には学校に行けない少女がたくさんいます。

最後から 3 番目の段落に「世界のあちこちには，女子であるために，学校で勉強できない子どもたちがたくさんいます」とあるので，一致する。

ウ マララは，武器は平等教育のキャンペーンより強いと考えました。

最後から 3 番目の段落の最終文に「彼女は，これらの少女とその父母の声は世界のすべての武器より強い，と言いました」とあるので，不一致。

エ マララのキャンペーンは危険な状況に彼女を追いやりましたが，彼女は考えを変えませんでした。

本文全体を通じて，彼女は決して考えを変えなかったことが読み取れる。第七段落には「何人かの人々が彼女を殺そうとしたあとも，彼女の生活で変わったものは何もありません」と記されているので，一致する。

オ マララはノーベル平和賞の知らせを聞いたとき，家族とその知らせを分かち合いたかったのですぐに学校を出ました。

最後から 2 番目の段落の最終文に「彼女はうれしく思いましたが，最後の授業までいました」とあるので，不一致。

カ マララのノーベル平和賞は，平等教育へのキャンペーンの終わりを意味しています。

最後の段落の中で，「これは私が始めたこのキャンペーンの終わりではありません。これは実に始まりなのだと思います」と言っているので，不一致。

《日本語訳》

マララ・ユスフザイは 1997 年 7 月にパキスタンで生まれました。彼女の国では，ほとんどすべての人がイスラム教を信仰しています。イスラム教では男性と女性は平等とされていますが，いくつかの団体はこのことに反対の意見を持っています。彼らは，女子は学校に行くべきではない，と考えています。しかし，マララの父は，反対でした。パキスタンの多くの女性が文字を読むことができませんでした。だから，彼は，マララは男子のように学校で勉強する必要があると考えました。

2009 年の初め，それらの団体のうちの一つが，女子のための学校の多くを閉鎖しました。武器を持って，その団体は自分たちの考えに反対する人々を殺したりもしました。しかし，マララは学校で勉強することが好きでした。彼女はインターネット上で，その団体に

反対の立場で，自分の生活について書きました。これが平等教育へのマララのキャンペーンの始まりでした。やがて彼女は世界中で知られるようになりました。

2012年10月のある日，その団体は彼女のキャンペーンのために，彼女を殺そうとしました。彼女はけがをし，もう少しで命を落とすところでした。

そのニュースは世界中をかけ巡りました。多くの国と国際連合は，「このようなことは決して起こってはならない」と主張しました。パキスタンではマララを治療することは困難でした。そのため，彼女はイングランドへ送られました。その後，彼女の家族もそこへ行きました。2，3か月して，マララは退院して，家族と一緒にイングランドで新しい生活を始めました。

2013年の16回目の誕生日，彼女は演説をするため国連にいました。国連はその日を「マララ・デー」と呼ぶことに決めました。

彼女は，「マララ・デーは私の日ではありません。今日は，自分たちの権利のために声を上げたすべての女性，すべての少年，すべての少女の日です」と言いました。

何人かの人々が彼女を殺そうとしたあとも，彼女の生活で変わったものは何もないと彼女は言いました。

「私は同じマララです」と彼女は言いました。

彼女は続けました。「私の夢は同じです」

最後に彼女は言いました。「1人の子どもや，1人の教師，1冊の本，1本のペンが世界を変えることができます。教育が唯一の解決策です。教育が第一です」

世界のあちこちには，女子であるために，学校で勉強できない子どもたちがたくさんいます。マララは平等教育を目指すキャンペーンを，決してやめませんでした。次の4月にアフリカで，平等教育に反対する団体が250人以上の少女を誘拐しました。3か月後，マララはそれらの誘拐された少女たちのために立ち上がりました。彼女は，これらの少女とその父母の声は世界のすべての武器より強い，と言いました。

2014年10月10日，マララは，危険な状況におけるキャンペーンによってノーベル平和賞を受賞しました。彼女は学校で，先生から初めてその知らせを聞きました。先生方や級友たちはうれしく思いました。もちろん彼女はうれしく思いましたが，最後の授業までいました。

同じ日，彼女は報道記者たちに，「これは私が始めたこのキャンペーンの終わりではありません。これは実に始まりなのだと思います」と言いました。

高校入試 総仕上げテスト ⑵

解答 p.70～p.72

❶ (1) ① pictures[photos] ② with ③ talk
(2) (例) She received a letter.

❷ (1) ① ア ② エ
(2) トムがポールに，ポールの家族が山梨で何をすることができるのかを伝えるために手紙を書くこと。 (3) イ

❸ (1) ① オ ② ウ (2) B (3) エ

解説

❶ (1) ① 空所のあとに with his camera（彼のカメラで），前に took（撮った）があるので，「写真」を入れるとよいことがわかる。直前に some があるので，複数形にする。
② 「家族と一緒に買い物に行きました」という文にするとよい。「～と一緒に」は with。
③ 空所のあとに「ミカと電話で」とあるので，「話す」を入れるとよい。

(2) 質問は「ミカは陽子からプレゼントと何を受け取ったか」。第三段落の第2文に「ミカは陽子からの手紙とプレゼントを受け取ったと言いました」とあるので，「手紙を受け取った」という文にするとよい。

《日本語訳》

陽子と家族は去年の12月27日にカナダに着きました。大みそかに彼女はカナダの新しい家ですばらしい夕食を食べました。彼女の父は，自分のカメラで家族の写真を何枚か撮りました。家族全員が楽しみましたが，彼女は北海道の友達がいなくてさびしく思いました。

それから，1月3日に，彼女は北海道の友達にチョコレートを買うために，家族と一緒に買い物に行きました。その翌日，彼女は友達に手紙を書いて，プレゼントと一緒に送りました。

1週間後，親友の一人のミカが陽子に電話をしました。ミカは陽子からの手紙とプレゼントを受け取ったと言いました。ミカはまた，陽子がいなくてとてもさびしいと思っていると言いました。陽子は電話でミカと話ができ，二人とも同じ気持ちを持っていることがわかってとてもうれしく思いました。

❷ (1) ① ア ほんとう？ イ 気をつけて。
ウ いいえ，結構です。 エ あなたはどうですか。
次にトムは「うん。1週間，彼が家族と日本を訪問

するんだ」と答えているので，**ア**以外に文脈に合うものはない。

②**ア** 山梨で何をしたか覚えている？

イ 山梨にどれくらい滞在しているの？

ウ 山梨では楽しい時間を過ごしたの？

エ 山梨では何をするの？

次にトムは「そこで何をしたらよいのかわからないんだ」と答えている。ヨシエは**エ**の質問をしているとわかる。

(2) 直前にトムが言っていることを日本語にするとよい。

(3) **ア** ポールが去年日本にやってきたとき，富士山の近くのホテルに滞在した。

イ 乗馬はヨシエが山梨でしたことの一つであった。

ウ ヨシエは，ポールがガイドブックに興味を持っているので，それを見せたいと思っている。

エ トムはヨシエに，ガイドブックについて話したあと，彼の家に来るように言った。

ヨシエの6番目の発言は「森で馬に乗ったわ。湖で釣りも楽しんだわよ」であるので，**イ**が適切。

《日本語訳》

ヨシエ：トム，何を読んでいるの？

トム：ポールからの手紙を読んでいるんだ。

ヨシエ：ポールって，誰なの？

トム：ロンドンに住んでいる高校生なんだ。僕が5歳のときからの親友なんだ。

ヨシエ：彼に会いたい？

トム：うん。実は，もうすぐ会うんだ。

ヨシエ：ほんとう？

トム：うん。1週間，彼が家族と日本を訪問するんだ。僕たちは富士山を見たいので，2日間，彼らと一緒に山梨に滞在するんだよ。君は山梨に行ったことがある？

ヨシエ：ええ。去年，家族と行ったわ。富士山の近くのホテルに泊まったわよ。

トム：山梨で何をしたの？

ヨシエ：森で馬に乗ったわ。湖で釣りも楽しんだわよ。

トム：そうなんだ。そこで楽しい時間を過ごしたんだね。

ヨシエ：山梨で何をするの？

トム：そこで何をしたらよいのかわからないんだ。

ヨシエ：私，ガイドブックを持っているわよ。去年山梨へ行ったとき，役に立ったわ。それを読むと，山梨のことがいろいろとわかるわよ。ガイドブックを読むのに興味ある？

トム：うん，興味あるよ。だけど，それは日本語で書かれているの？

ヨシエ：ええ，そうよ。日本語がわからなければ，私が手伝うわ。放課後，私の家に来るっていうのはどう？ガイドブックを見せてあげる。山梨についてわかるわ。

トム：そう望むよ。ポールに手紙を書いて，彼の家族が山梨でできることを伝えるよ。

ヨシエ：それはよい考えだわ。

❸ (1) ①の後に，don't have a party at all「全くパーティーをしない」とあるので，グラフの never「全くしない」の部分があてはまる。

② have it once or more than once in a month「月に一度，または一度より多く」とあるので，あてはまる2つの部分の合計が正解となる。

(2) ③ almost the same number of people「ほとんど同じ数の人々」とあるので，同じくらいの長さの部分を見つける。

(3) Cathy の意見の意味：

家でパーティーをするとき，料理のことを気にしている日本の人々がいます。私たちが家でパーティーをするとき，パーティーのために何か食べるものを持ってくることを，友達に頼むことがときどきあります。それは，持ち寄りパーティーと呼ばれます。持ち寄りパーティーをすれば，料理を気にする必要はありません。だから，家でパーティーを気軽にすることができますよ。

potluck の意味が分からなくても，「友達に何か食べるものを持ってくることを頼む」という内容から，food「食べ物」を持参するとわかる。

《日本語訳》

　アメリカの人々は友達を家に招いて，パーティーをするのが好きですが，その種のパーティーは日本では，一般的ではありません。グラフ1を見てください。およそ8,000人の日本の人が「どのくらいの頻度で家でパーティーを開きますか」とたずねられました。彼らのうち41.9％がパーティーをしません。彼らのうち10.6％だけが月に一回，または一回より多くの回数，パーティーをします。

　日本の人々が家でパーティーをするとき，多くのことを心配します。グラフ2を見てください。およそ半分の人がパーティーの前のそうじの心配をしています。それとほとんど同じ数の人がパーティーのあとのそうじを気にしています。